KB157288

머리는 시원하고, 배는 따뜻하게!
수승화강水昇火降으로 건강해지는 습관을 만들어보세요.
몸의 주인이 되면, 마음의 주인이 되고,
인생의 주인이 될 수 있습니다.

Be your own healer!

一指 이승헌

오늘부터

수승화강

일러두기

12장에 소개된 수승화강을 위한 아침, 저녁, 취침 전 루틴은 동영상을 보면서 따라 할 수 있도록 QR코드가 수록되어 있습니다.

오늘부터
수승화강
水昇火降

일지 이승헌 지음

한문화

현대인은 건강을 지키기에 거의 불가능한 환경 속에 노출되어 있다. 각종 대사질환과 전염병, 지구온난화에 따른 기상이변, 업무와 생활에서 오는 스트레스 등 여간해서는 건강을 지켜내기가 쉽지 않다. 이럴 때 가장 지혜로운 것은 자연치유력을 극대화하는 것이다. '수승화강'은 우리 몸이 가장 조화롭고 건강한 상태를 말한다. 수승화강 상태를 만드는 것이 자연치유력과 면역력을 높이는 최고의 건강법이다.

– **전세일** 한국통합의학진흥연구원 이사장, 브레인트레이너협회장

누구나 스포츠 활동을 하고 나면 머리가 맑아지고, 땀이 나고, 몸이 가벼워지는 것을 경험한다. 이 책을 읽고 그것이 '수승화강'으로 나타나는 에너지 현상이라는 것을 새롭게 알았다. 평균수명이 길어지고 감염병이 유행하면서 건강에 대한 일반인들의 관심이 그 어느 때보다 커지고 있는 요즘, 저자는 아주 쉽고 간단한 방법들을 통해 일상생활 속에서 몸과 마음의 건강을 지킬 수 있는 길을 알려준다.

– **이기흥** 대한체육회 회장

한의학에서는 천지대자연과 사람이 밀접하게 연결되어 있다고 본다. 대자연이 대우주라면 사람은 소우주이다. 수승화강은 천지대자연과 사람 모두를 건강하고 조화롭게 만드는 원리라고 할 수 있다. 저자는 수승화강의 원리를 한의학, 선도수련, 뇌교육의 관점에서 독자들이 넓고 깊게 이해할

수 있도록 도와준다. 코로나19 팬데믹으로 큰 변화를 겪고 있는 모두에게 추천한다.

– **윤미나** 한의사

짧지만 훌륭한 책, 실용적이면서도 매우 흥미로운 책이다. 우리 몸의 에너지를 어떻게 이해하고 점검하며 스스로 돌볼 수 있는지를 알려준다. 저자의 따뜻함, 에너지, 열정이 전해진다. 요즘처럼 힘든 시기에 모두가 필독해야 할 의미 있는 책이다.

– **다나 이튼** 《에너지 의학》의 저자

생각과 감정을 잘 조절함으로써 스트레스를 줄이고 웰빙할 수 있는 중요하고 유용한 건강 원리를 알려준다. 매일 책에서 소개한 호흡, 명상, 운동을 열심히 하기로 마음먹었다. 책에서 얻은 깨달음을 잘 실천해봐야겠다.

– **리드 턱슨** 의학박사, 《거울 속의 의사》의 저자

수승화강은 언뜻 보면 간단한 것 같지만 매우 심오하다. 이 책의 핵심은 에너지 순환의 원리이다. 우리의 내적인 순환을 개선할 수 있는 가르침과 운동법, 어떻게 자연과 지구의 순환을 개선할 수 있는지에 대한 제안까지 담고 있다. 지금 시기에 필요한 책이자 시대를 넘어 오래도록 읽힐 책이다.

– **하비 화이트** 심장전문의, 《삶, 도전에 대한 성찰》의 저자

part 2 수승화강 실천편

내 건강은 내가 지킨다

이 책은 코로나바이러스 팬데믹이 한창인 와중에 집필했다. 팬데믹은 우리에게 엄청난 격변과 고통을 안겨주었지만 그 속에서 우리는 중요한 교훈을 배우고 있다. '내 건강은 내가 지키고, 내 몸과 마음은 스스로 치유해야 한다'는 것이다.

팬데믹이 도시에 사는 사람들뿐만 아니라 지구의 오지인 아마존 밀림에 사는 사람들까지 모든 인류를 몇 달 만에 꼼짝 못 하게 만드는 광경을 지켜보면서 상당한 충격을 받았다. 불안과 두려움에 빠진 사람들이 스스로 자기 몸과 마음의 건강을 지키고 회복할 수 있도록 도움을 주고 싶었다. 그래서 많은 사람들이 자신의 건강을 지킬 수 있는 방법이 무엇인지 근본 이치와 해법을 이해하고, 그것을 생활 속에서 적용할 수 있기를 바라는 마음으로 이 책을 썼다.

우리는 팬데믹 기간 동안 생명의 위험을 무릅쓰고 헌신한 많은 의료인들을 보았다. 그들은 인간 정신의 위대함과 아름다움을 보여준 우리 시대의 영웅들이다. 그러나 의료나 공중보건 시스템이 우리를 바이러스로부터 보호해주는 데에는 한계가 있다. 전문가들은 확진자 증가세를 꺾기 위해서 우리에게 경고를 보냈고, 마스크 쓰기나 사회적 거리두기와 같은 행동 수칙을 제안했다. 이 책을 쓰고 있는 동안에 의료 연구진들은 백신과 효과적인 치료제를 개발하기 위해서 경쟁적으로 매달렸다. 하지만 자기 자신 그리고 서로를 지키는 책임의 대부분은 우리 스스로에게 있다. 이번 코로나바이러스는 의료나 정치 등 그동안 우리가 의지해왔던 사회적 시스템이 우리가 생각하는 것보다 훨씬 더 취약하다는 것을 실감케 했다.

소외된 사람 없이 모두가 공공복지의 혜택을 받을 수 있도록 더 나은 의료시스템을 구축하는 것은 참으로 중요하다. 하지만 질병을 예방하고, 병원체로부터 자신을 지키며, 불안과 두려움에서 벗어나 마음의 평화를 찾는 일을 의료인이나 정치인에게만 의존할 수는 없다. 우리들 각자가 자기 건강의 주인이 되어야 한다.

세계보건기구가 지정한 전염병 목록만 해도 40여 종에 이른다. 새로운 전염병의 발병 속도가 점점 빨라지고 있어서 우리는 미래에 더 큰 위험에 처하게 될 가능성이 높다. 더구나 급속한 기후변화와 자연환경의 훼손으로 감염성 질병이 더 확산되리라는 우려까지 더해지고 있다.

팬데믹으로부터 우리를 지키는 가장 강력한 방법은 평소에 자신의 건강을 스스로 돌보는 것이다. 강력한 면역 시스템을 가진 사람은 코로나바이러스에 감염되고도 이겨낼 수 있었지만, 기저질환이 있고 면역력이 약한 사람일수록 바이러스에 쉽게 굴복했다.

아마도 많은 사람들이 팬데믹 기간 동안에 평소보다 비타민제를 더 열심히 챙겨 먹고, 면역력 강화에 좋다는 음식도 찾아봤을 것이다. 하지만 단방에 면역력을 강화해주는 약이나 식품 같은 것은 없다. 건강의 핵심은 몸과 마음의 조화와 균형을 유지하는 것이기 때문이다. 면역력 또한 마찬가지이다. 비싼 신약이나 진귀한 음식이 아니라 평소에 우리의 몸과 마음을 어떻게 관리하느냐가 면역력을 좌우한다.

우리에게는 스스로 건강하기 위해 노력하는 훌륭한 내면의 의사가 있다. 그것이 우리의 몸과 뇌에 내재된 면역력이고 자연치유력이다. 하지만 우리 몸이 아무리 강력한 면역 시스템을 가지고 있다 하더라도 우리가 이 시스템이 하는 일을 돕지 않고 오히려 방해하는 쪽으로 생활하면 당연히 약해진다. 잘 먹고, 잘 자고, 잘 쉬고, 마음을 편하게 갖는 것은 누구나 알고 있는 건강의 기본이다. 이 기본을 무시하고 몸과 마음을 혹사시켜 생명의 균형과 리듬이 깨지면 당연히 면역력도 약해진다. 면역력을 강화하는 원리는 일반적인 건강의 원리와 크게 다르지 않다. 이것은 면역 전문가들도 이구동성으로 하는 말이다.

내 몸과 소통하는 감각

세계보건기구는 놀라운 전염 속도와 높은 치사율 때문에 코로나바이러스를 팬데믹으로 지정했다. 그런데 우리의 일상생활을 들여다보면 코로나바이러스 못지않게 때로는 더 심각하게 건강을 위협하는 요인들이 많다. 전문가들은 면역력을 약화시키는 주요 원인으로 수면 부족, 운동 부족, 불균형한 식습관, 과로, 스트레스, 음주, 흡연을 꼽는다. 이미 생활의 일부가 된 해로운 습관은 우리의 건강과 생명력을 심각하게 갉아먹지만, 그 영향이 당장 눈에 띄지 않고 서서히 나타나기 때문에 관심을 덜 받는 것이다. 당뇨, 비만, 고혈압, 심장병은 대표적인 생활습관병이다. 그런데 안타깝게도 코로나바이러스로 목숨을 잃은 많은 사람들이 이러한 기저질환을 가지고 있었다.

의학이 발달하는데도 아픈 사람은 점점 많아지는 모순은 우리에게 이런 질문을 던진다. '왜 우리는 건강을 원하면서도 건강을 망치는 생활습관을 바꾸는 것이 이토록 힘들까? 왜 우리는 예방의 중요성을 잘 알면서도 평소에 자기 몸을 돌보는 일에 소홀할까? 왜 우리는 내 몸에 생긴 병인데도 치료는 전문 의료인의 몫이라고 생각하고 자신의 건강을 남에게 맡기는 걸까?'

나는 큰 이유 중의 하나가 자신의 몸과 연결하고 소통하는 감각을 잃어버렸기 때문이라고 생각한다. 지금은 아름다운 얼굴과 멋진 몸매가 능력이고, 스펙이고, 돈이 되는 시대이다. 그 어느 때보다 자신의 몸에 시간과 돈을 많이 투자한다. 하지만 역설적이게도 우리는 점점 자신의 몸에서 멀어지고 있다. 내 몸을 멋지게 가꿔 소셜미디어를 통해 다른 사람들에게 자랑하지만, 정작 자신의 몸은 잘 느끼지 못하는 사람들이 많다. 몸이 균형을 잃었다고 신호를 보내도 듣지 못하고, 자기 몸을 괴롭히면서까지 다른 사람들에게 잘 보이기 위해 애쓴다. 사회에서 정한 멋진 몸의 기준에 못 미치면 자신의 몸을 미워한다. 몸에 좋다는 음식과 약을 먹고 열심히 운동하고 정기검진을 받지만, 몸에 해로운 생활습관을 그대로 가지고 있다면 몸을 제대로 돌보는 것이 아니다.

외모에 관계없이 우리는 모두 자신의 몸을 사랑하고 소중히 해야 한다고 생각한다. 우리 몸은 그 자체로 기적이며 존중받을 자격이 있다. 거울을 들여다보면서 몸에 불만스러운 부분이 있는지 살피기보다는 몸이 우리에게 주는 메시지에 귀를 기울이면서 자기 몸을 느끼는 법을 배워야 한다. 우리는 몸과 마음이 서로 연결되어 있음을 인정하고, 그 과정에서 자신을 이해하는 법을 배워야 한다.

건강을 위한 지혜들을 하나로 꿰는 단 하나의 건강 원리
지난 40여 년 동안 전 세계를 여행하며 수많은 사람들에게 어떻게 하면 스스로 건강하고 행복한 삶을 창조하고 마음의 평화를 찾을 수 있는지 말해왔다. 그동안 내가 만났던 사람들은 나라도, 나이도, 성별도, 사회적·문화적 배경도 참으로 다양하지만, 건강한 삶을 유지하는 비결은 크게 다르지 않다는 것을 확인시켜 주었다.

내가 생각하는 건강을 위한 보편적인 지혜는 다음 세 가지이다.

첫째, 자신이 건강의 주체라는 것을 인식하는 것이다.
둘째, 자신의 몸과 소통하는 감각을 회복하는 것이다.
셋째, 일상생활에서 몸과 마음의 조화와 균형을 유지하는 습관을
기르고 꾸준히 실천하는 것이다.

이 책을 통해 독자들에게 위의 세 가지를 하나로 꿸 수 있는 건강 원
리를 제시하고, 그 원리를 일상에서 실천할 수 있도록 실용적인 방법
을 제공하고자 한다. 평생 동안 아프지 않고 사는 것은 불가능하겠지
만, 큰 병을 예방하며 건강하고 활력 있게 살기 위한 기본 중의 기본
을 이 책에 담고자 했다.

책에 소개한 원리와 방법들은 결코 복잡하거나 어렵지 않다. 간단
하고 쉬우며 누구나 할 수 있는 것들이다. 그렇다고 문제의 뿌리를 들
여다보지 않고 현상만을 일시적으로 없애는 방식은 아니다. 아무리
평범하고 간단한 것이라도 결국은 실천하느냐 안 하느냐, 얼마나 꾸
준히 하느냐가 건강을 좌우한다.

이 책은 자연과 인간을 하나로 보고 자연의 원리를 인간의 몸에 적
용하는 한의학, 전통 심신수련인 선도仙道, 내가 창안한 뇌교육에 기
반하고 있다. 그리고 지난 40년 동안 단학丹學과 뇌교육의 원리를 체
득하고 일상에 적용해온 수백만 명의 경험도 녹아 있다.

지금 당신이 잃어버린 건강을 회복하기 위해 애쓰고 있다면, 이 책이 당신에게 건강에 대한 새로운 관점을 제시하고 평생토록 좋은 동반자가 될 만한 건강 루틴routine(매일 반복하는 특정한 행동)을 제공해줄 것이다. 당신이 건강하고 자신의 몸과 마음을 돌보는 루틴을 확고하게 가지고 있다면, 책에 소개한 원리가 당신의 건강 루틴을 더 풍성하고 완전하게 해줄 것이다.

우리는 몸을 통해 자연의 생명력을 느낀다

자연은 존재하는 모든 것에 지속성과 안정성을 부여하여 전체의 조화와 균형을 유지하는 힘이 있다. 이 힘이 있기 때문에 역동적인 변화 속에서도 우주의 질서와 균형이 유지된다. 이 힘은 우리 몸에서 균형이 깨졌을 때 원래의 균형 상태를 회복하려는 면역력과 자연치유력으로 나타난다. 또 이 힘 덕분에 우리는 수많은 도전과 고난 속에서도 무너지지 않고 결국은 적응하고 회복탄력성을 발휘하며 앞으로 나아간다.

우리의 면역체계보다 더 크고, 인간뿐만 아니라 현존하는 모든 것을 관통하고 연결하는 이 힘을 나는 '자연의 대★생명력'이라고 부른다. 이 대생명력이 우리 몸에서 막힘없이 흐를 때 면역력은 당연히 좋아지고, 건강하고 활력이 넘치는 생활을 할 수 있다. 이 책을 통해 자연의 대생명력을 당신의 몸을 통해 느끼고, 나아가 이를 당신의 생활 전반에 적용함으로써 당신이 진정으로 원하는 인생을 스스로 가꾸어가기를 바란다.

삶은 도전과 변화의 연속이다. 중심이 단단하면 변화를 두려워하지 않는다. 오히려 변화를 수용하며 배우고 성장한다. 그러나 중심이 없을 때는 작은 변화에도 흔들리고 무너진다. 단단한 삶의 중심은 스스로 주인이 되어 챙기는 당신의 건강에서부터 시작된다. 당신이 몸의 주인이 되면, 마음의 주인이 되고, 인생의 주인이 될 수 있다.

2020년 여름
뉴질랜드 얼스빌리지에서
일지 이승헌

Part 1

에너지의 원리

1장

수승화강은 건강의 황금원리

건강은 삶의 질을 좌우하는 기본 중의 기본이다. 또한 나 자신에게 줄 수 있는 최고의 선물이자, 사랑하는 사람들과 우리가 속한 공동체에 줄 수 있는 큰 축복이다. 건강은 우리가 행하는 모든 아름답고 선한 일들의 기본 토대가 되기 때문이다.

돈이나 지식은 다른 사람에게 빌릴 수라도 있지만, 건강은 그럴 수 없다. 아무리 사랑하는 사이라도 건강을 빌려주거나 나누어줄 수 없다. 당신이 지금 인생에서 무엇을 성취하려고 하든지 건강이 밑바탕이 되어야 한다.

건강을 지키기 위해 노력하는 편인가? 좋은 식습관을 기르기 위해, 꾸준히 운동하기 위해, 흡연이나 과음 등의 나쁜 습관을 고치기 위해 이런저런 시도를 해보았거나 지금 하고 있는 중일지도 모르겠다. 해보니 어떤가? 그런 노력들이 만족할 만한 결과를 가져다주었는가? 스스로가 건강하다고 느끼는가? 당신의 몸과 뇌가 최상의 컨디션으로 당신과 당신의 인생을 잘 지원하는가? 아니면 점점 쇠퇴해가는 몸 때문에 힘들어 하는가?

머리는 시원하고 아랫배는 따뜻하게

해가 동쪽에서 뜨고 서쪽으로 지는 이유는 무엇일까? 지구가 자전하기 때문이다. 그렇다면 사과나무에서 사과가 땅으로 떨어지는 이유는 무엇일까? 중력이 작용하기 때문이다. 이런 자연의 법칙들은 우리가 인위적으로 만든 것이 아니다. 마음대로 바꿀 수도 없다. 인류가 이런 법칙들을 발견하여 이름을 붙이기 전에도 늘 그렇게 존재했다.

이처럼 자연 현상 뒤에는 그 현상을 일어나게 하는 원리가 있다. 마찬가지로 우리 몸에도 보편적인 원리가 작용한다. 요즘은 아픈 사람이 너무 많다보니 마치 아픈 것이 정상이고 건강을 지키기 위해 아주 많이 애를 써야 한다고 여긴다. 그러나 건강은 생명의 가장 자연스러운 상태이다. 건강한 것이 정상이다.

지금 당신의 건강 상태가 어떻든 건강을 지키기 위한 당신의 노력에 단단한 주춧돌이 되어줄 건강의 핵심은 바로 이것이다.

"머리는 시원하고 아랫배는 따뜻하게 하라!"

수승화강水昇火降의 원리를 표현한 말이다. 물기운은 위로 올라가 머리가 시원해지고 불기운은 아래로 내려와 아랫배가 따뜻해진다는 뜻으로, 나는 이를 건강의 황금원리라 부른다. 당신이 어떤 육체적, 정신적 문제가 있든 수승화강의 원리를 일상생활 속에서 잘 적용한다면, 그 문제를 개선할 수 있다. 보편적인 원리이기 때문에 언제 어디서나 누구에게나 적용된다. 수승화강 상태가 되면 우리 몸속에 어떤 병도 침범하지 못한다. 하지만 수승화강의 원리를 계속 어기고 무시하면 나중에는 그 대가를 톡톡히 치러야 할 수도 있다.

'머리는 시원하고, 아랫배는 따뜻하게' 하는 것은 코로나바이러스 감염을 막기 위해 사회적 거리두기를 하고, 외출할 때는 마스크를 쓰고, 손을 자주 씻는 것만큼이나 중요하다. 그러니 매일 밥을 먹고 양치질을 하고 세수를 하는 것처럼 일상의 습관으로 만들기 바란다.

수승화강의 원리에 비추어 지금 당신의 몸이 얼마나 건강한 상태인지 점검해보자.

먼저 한 손으로 다른 쪽 팔을 2~3초 정도 잡고 팔의 온도를 느껴보고, 그 느낌을 기억한다. 이번에는 손으로 이마를 만져보고, 이어서 목덜미도 짚어보면서 온도를 느껴본다. 이마나 뒷목이 팔과 비슷하거나 시원하게 느껴지는가, 조금 혹은 상당히 뜨겁게 느껴지는가?

이번에는 아랫배의 온도를 느껴보자. 아랫배의 표면이 아니라 뱃속의 온도를 느껴본다. 뱃속이 따뜻하게 느껴지는가, 차갑게 느껴지는가? 몸의 감각에 집중해본 경험이 적은 사람들은 뱃속의 온도나 감각을 느낀다는 게 낯설고 어려울 수 있다. 그런 사람들은 손이나 발의 온도를 느껴보면 된다. 양손을 마주잡고 손의 온도를 느껴본다. 손으로 발을 만져서 발의 온도를 느껴본다. 손이나 발이 따뜻하게 느껴지는가, 차갑게 느껴지는가?

이마와 목이 시원하고 아랫배나 손발이 따뜻하게 느껴진다면 아주 좋은 일이다. 그런 상태라면 마음이 편안하고 머리가 맑아서 집중이 잘 되고 있을 것이다. 만일 이마가 뜨겁고 아랫배나 손발이 차갑게 느껴진다면, 일시적이든 만성적이든 몸의 조화와 균형이 어그러진 상태라고 보면 틀림없다. 보통 이런 상태에서는 목이나 어깨가 굳는다. 몸이 긴장되고 눈이 건조하며 입안이 텁텁해지는 등 감각기관도 둔해지고 호흡의 깊이도 얕다. 마음이 조급해지고 생각이 많아져 집중도 잘 되지 않는다.

이런 상태에서 이 책을 읽고 있다면 내용이 잘 들어오지 않을 것이다. 그러니 잠시 책 읽기를 멈추고, 몸의 컨디션을 바꾸어보자. 머리가 시원하고 배가 따뜻한 상태라도 이 책에서 소개하는 운동을 따라해보자. 몸이 분명히 좋아할 것이다.

바닥이나 의자에 앉거나 혹은 선 자세로 가볍게 주먹을 쥔다. 어깨의 힘을 빼고 주먹의 아래쪽(새끼손가락 부분)으로 배꼽 아래 5센티가량 되는 곳을 양 주먹으로 번갈아서 100회 정도 두드린다. 어느 정도 자극을 줄 수 있도록 뱃속에 진동이 느껴질 정도의 세기로 두드린다. 1분이면 100회 이상 두드릴 수 있을 것이다. 두드리기를 마치면 편안하게 눈을 감고 자신의 몸에 집중해서 느껴본다.

어떤가? 뱃속 깊은 곳에서 따스한 열감이 생겨 아랫배 전체와 허리로 퍼져나가는 느낌이 드는가? 가슴이 편안해지고 숨이 더 깊어지는가? 머리의 묵직한 느낌이나 열감 같은 것이 아래로 내려오는 느낌이 드는가? 눈이 촉촉해지고 입안에 침이 고이는가? 기분이 좋아지는 것 같지 않은가?

사람에 따라 느낌의 종류나 강도가 다르겠지만, 공통적으로 아랫배가 따뜻해지고 입안에 침이 고이는 것을 느낀다. 몸을 느끼는 감각이 예민한 사람이라면 마치 방전된 휴대폰 배터리가 충전되듯이 몸 전체에 따스한 활력이 차오르며 생명현상이 활발해지는 것을 구체적으로 느낄 수 있을 것이다. 이처럼 우리는 5분이 채 걸리지 않은 짧은 시간 안에 머리는 시원하고 아랫배는 따뜻하게, 몸의 컨디션을 더 건강한 상태로 바꿀 수 있다.

머리는 시원하고 아랫배는 따뜻해야 건강하다는 말은 경험적으로나 상식적으로 누구나 다 이해할 만하다. 화가 치밀어서 얼굴이 화끈화끈 달아오르거나 감기에 걸려서 머리에 열이 오르는 것을 반가워할 사람은 없을 테니 말이다. 이럴 때는 보통 찬 물수건을 이마에 올려서 열을 내린다. 감기에 걸려 온몸에 오한이 들고 뱃속에 냉기가 느껴질 때 일부러 찬물을 벌컥벌컥 들이키지는 않을 것이다. 그때는 대추차나 생강차를 마셔서 뱃속을 따뜻하게 해준다.

18세기를 대표하는 네덜란드의 명의 헤르만 부르하버와 관련하여 전설처럼 전해 내려오는 일화가 있다. 그는 죽으면서 최고의 건강 비결을 적어놓은 책을 밀봉하여 남겼다. 많은 사람들이 그 내용을 궁금해 했다. 그런데 그 책을 펼쳐보니 단 한 페이지에만 글이 적혀 있었고 나머지는 백지였다고 한다. 그 한 페이지에는 단 두 문장이 적혀 있었다. '머리는 차갑게 하고 발은 따뜻하게 하라. 위장은 가득 채우지 마라.' 재미있는 사실은 약 2,500년 전 중국의 전설적인 의사였던 편작도 똑같은 말을 남겼다는 것이다. 머리는 시원하고 아랫배는 따뜻하게 하라는 것은 동서고금 어디에나 통하는 보편적인 건강의 지혜임이 분명하다.

머리는 시원하게, 아랫배는 따뜻하게 하는 것이 왜 그렇게 중요할까? 우리 몸이 얼마나 정교하고 복잡하며 변수가 많은 시스템인데 이렇게 상식적인 것만 지키면 건강이 저절로 따라온다고 하는지 궁금하지 않은가?

이 원리가 단지 '체온'에 국한한 것이 아니라 '순환'에 대한 것임을 알아야 한다. 생명체는 순환이 잘 되어야 건강하다. 순환이 잘 되어야 우리 몸 구석구석까지 산소와 영양을 공급하고, 생명 활동으로 생기는 이산화탄소나 노폐물 등이 잘 배출된다.

우리 몸속은 혈관을 타고 혈액이 돌고, 림프관을 타고 림프액이 돌며, 신경을 타고 정보들이 돌아다닌다. 그런데 우리가 익히 잘 알고 있는 이런 것들 외에도 우리 몸을 순환하는 아주 중요한 것이 있다. 바로 '에너지'이다. 에너지의 순환이 혈액과 림프의 순환 못지않게 중요하다. 이것이 다른 모든 순환을 가능하게 하는 가장 기본이기 때문이다.

건강의 핵심은 에너지의 순환

머리가 깨질 것처럼 아파서 한의원에 가면 한의사는 아픈 머리에는 관심이 없는 것처럼 보인다. 증상을 자세히 설명했는데도 아픈 머리는 놔두고 멀쩡한 발과 팔에 침을 놓는다. 그런데 이상한 것은 지끈거리던 두통이 감쪽같이 사라진다. 한의학에서 이런 일이 가능한 이유는 인체를 에너지라는 렌즈로 들여다보기 때문이다. 우리 몸이 에너지를 통해 하나로 연결되어 있다고 보기 때문에 발에 침을 놓아 머리의 통증을 치료하거나 손에 침을 놓아 어깨의 통증을 치료하는 것이다.

흔히 '기氣'라고도 불리는 에너지는 눈에 보이지도 만져지지도 않는다. 그래서 존재하지 않는다고 생각하는 사람들도 있지만 '기가 세다, 기가 막힌다, 기운이 없다, 기를 쓰다, 기운이 통한다' 등 우리는 '기'라는 말을 일상적으로 늘 사용한다. 눈에 보이지 않는다고 존재하지 않는 것은 아니다. 에너지는 보이지 않게 존재하지만, 보이지 않는 에너지가 보이는 모든 것에 영향을 미친다.

에너지를 눈으로 볼 수는 없지만 그 파장은 느낄 수 있다(아주 소수의 사람들은 실제로 보기도 한다). 에너지의 미세한 흐름을 느낄 수 있는 감각은 모든 생명체가 다 지니고 있다. 개미와 박쥐는 어떻게 지진이 일어날 줄 미리 알까? 바다에 있던 연어는 어떻게 그토록 머나먼 길을 헤엄쳐서 자기가 태어난 강으로 다시 돌아올까? 철새들은 사방이 트인 드넓은 허공에서 어떻게 방향을 잡고 날아갈까? 여러 동물들의 놀라운 능력에 대한 가설은 많지만 그런 능력을 가능하게 하는 정확한 메커니즘은 여전히 신비에 싸여 있다. 과학자들은 동물이 자신의 감각을 이용해 지구 자기장의 미묘한 변화를 감지하는 것일지도 모른다고 생각한다. 사실 서로 겉모습은 다를지라도 궁극적으로 모든 생명체는 에너지라는 동일한 재료로 만들어졌기 때문에 다른 생명체나 사물에서 나오는 미세한 변화를 감지하는 능력이 있다. 에너지를 느끼고 에너지에 감응하기 때문에 이런 일들이 가능한 것이다.

우리나라를 비롯한 동양 문화권에서는 세상의 모든 것이 에너지로 만들어졌다고 보기 때문에 세상을 이해하기 위해 자연에서 에너지가 어떻게 작용하는지를 세심하게 관찰하고 사색했다. 사람 또한 자연의 일부로 여기기에 자연현상을 관찰해서 얻은 에너지에 대한 지식과 지혜를 인체에 적용하고 연구했다. 그런 경험이 수천 년 동안 쌓여서 체계화된 것이 동양의학이고 한의학이다.

한의학에서는 '건강을 주는 것도 에너지, 병을 주는 것도 에너지'라는 기본적인 생각을 바탕으로 몸과 건강에 대해 이야기한다. 건강을 유지하기 위해서도 병을 치유하기 위해서도 가장 먼저 에너지를 살피고 돌봤다. 그렇다면 눈에 보이지 않는 에너지를 어떻게 살필 수 있었을까? 그 핵심은 바로 '흐름과 순환'이다.

종잡을 수 없이 복잡하고 불규칙하게만 보이는 자연의 변화에도 일정한 패턴이 있듯이, 에너지는 우리 몸에서 제멋대로가 아닌 일정한 패턴과 방향을 가지고 움직인다. 에너지가 원래의 자연스러운 방향으로 막힘없이 잘 흐르면 몸이 건강하고, 에너지가 막히거나 흐르는 방향이 잘못되면 병이 든다. 허준도《동의보감東醫寶鑑》에서 '통즉불통 불통즉통通卽不痛 不通卽痛'이라 했다. '통하면 아프지 않고, 통하지 않으면 아프다'라는 뜻이다. 그러니 에너지가 막힌 곳은 뚫어주고, 흐름이 잘못된 곳은 방향을 바로잡으면 증상이 개선되고 병이 낫는다. 침을 맞거나, 약을 먹거나, 지압을 하거나, 요가나 단전호흡을 하는 것은 다 우리 몸속 에너지의 흐름과 순환을 바르게 하기 위함이다.

물은 위로, 불은 아래로

'머리는 시원하고 아랫배는 따뜻하게' 하는 핵심은 에너지의 순환이다. 자연을 이루는 에너지는 서로 상반되는 두 가지 성질을 가지고 있다. 음陰과 양陽이다. 음양의 관점에서 보자면 시원한 것은 음이고, 따뜻한 것은 양이다. 에너지의 성질을 더 세분하여 나눈 것이 오행伍行이라고 알려진 목기木氣, 화기火氣, 토기土氣, 금기金氣, 수기水氣이다. 우리 몸에서 오행은 각각의 작용을 관장하는, 짝을 이루는 장기가 있다. 수기를 관장하는 것은 신장, 화기를 관장하는 것은 심장이다. 수기와 화기의 두 에너지가 조화와 균형을 이루며 올바른 방향으로 순환을 잘 하느냐 그렇지 않으냐가 우리의 건강을 좌우한다.

자연에서 에너지의 순환이 일어나는 가장 근본적인 이유는 '온도 차'이다. 에너지는 뜨거워지면 가벼워져 위로 올라가고, 차가워지면 무거워져 아래로 내려온다. 이러한 이유로 뜨거운 에너지의 중심이 어디에 있는지에 따라 순환이 일어나기도 하고, 정체가 일어나기도 한다. 인체는 이러한 순환과 건강의 관계를 아주 명확하게 보여준다.

우리 몸이 정상일 때는 내장 기관들의 활동을 위해 많은 혈액이 복부 주변을 흐른다. 따라서 아랫배가 따뜻해 머리보다 상대적으로 온

물기운은 위로

불기운은 아래로

수승화강의 에너지 흐름

도가 높다. 뜨거운 것이 올라가고 찬 것이 내려오는 자연법칙에 따라 저절로 순환이 일어나는 것이다. 이때 따뜻한 아랫배에서 올라가는 에너지가 신장에 있는 수水기운을 밀어 올려 머리를 식히고, 머리에서 내려오는 에너지는 심장의 화火기운을 받아 아래로 내려와 아랫배를 덥히는 선순환이 일어난다. 이것을 수승화강水昇火降이라 한다. 수승화강은 인체에서만이 아니라 자연에서 생명현상을 만드는 에너지의 순환이기도 하다.

그런데 자연의 법칙이라면 수승화강과는 정반대여야 하지 않을까? 자연 상태에서 물은 아래로 내려가고 불은 위로 올라간다. 비는 하늘에서 땅으로 내리고, 물은 높은 곳에서 낮은 곳으로 즉 아래로 흐른다. 장작불을 지피면 불도 연기도 위로 올라간다. 그렇다면 수승화강을 어떻게 이해해야 할까?

우리가 과학 시간에 배운 것처럼 뜨겁고 가벼운 것은 위로 올라가고, 차갑고 무거운 것은 아래로 내려온다. 그래서 불은 위로 올라가고, 물은 아래로 내려오는 것이 당연하다. 그런데 건강한 생명체의 내부에서는 이와 반대되는 움직임이 존재한다.

뜨겁고 가벼운 것이 위로 올라가고, 무겁고 차가운 것이 아래로 내려오는 것은 우주의 질서를 만들고, 모든 존재에 안정성을 부여한다. 이것을 '순리順理'라고 한다. 반면, 찬 것이 위로 올라가고 뜨거운 것이 아래로 내려오는 것은 변화를 만들고 역동성을 부여한다. 이것을 '조화造化(만물을 창조하고 기르는 대자연의 이치)'라고 한다.

만일 순리만 있고 조화가 없다면, 뜨거운 것은 계속 위에만 머물고 찬 것은 계속 아래에만 머물게 되어 이 우주는 아무런 변화도 없는 죽은 우주가 될 것이다. 반대로 순리는 없고 조화만 있다면, 이 우주는 그 무엇도 예측할 수 없는 완전히 무질서한 상태가 될 것이다. 순리의 큰 바탕 위에 조화가 꽃처럼 피어나는 것, 순리 속에서 조화를 통해 수많은 새로운 가능성이 잉태되고 실현되는 것, 그것이 위대한 우주의 모습이다.

따뜻한 에너지가 아래에서 위로 올라가려고 하고, 시원한 에너지가 위에서 아래로 내려오려고 하기 때문에 우리 몸에서는 지속적인 순환이 일어난다. 이것이 건강한 생명체 안에서 일어나는 에너지의 순환이다.

수승화강은 인체뿐만 아니라 자연에서도 쉽게 관찰할 수 있다. 뜨거운 태양열이 대지와 바다를 데우는 것은 화강火降이고, 수증기가 하늘로 올라가는 것은 수승水昇이다. 나무도 이러한 순환 속에서 생존하고 자란다. 나무의 뿌리가 땅속에서 물기운을 빨아올리는 것은 수승이고, 나뭇잎이 태양이 내려 보내는 불기운을 받는 것은 화강이다. 나무는 이렇게 수승화강을 통해 잎과 꽃을 피우고 열매를 맺는다.

물과 불의 에너지 순환은 자연의 근본적인 생명 원리이다. 모든 생명체는 몸 안에서 물과 불의 에너지가 조화를 이룰 때는 건강하고, 균형이 깨질 때는 생명력이 약해진다. 이 원리가 우리 몸에서 원활하게 작동하면 머리는 시원하고 아랫배는 따뜻해져 누구나 건강해질 수 있다.

수승화강이 잘 될 때 우리 몸의 생명현상은 최고로 활성화된다. 건강한 어린아이의 모습을 떠올려보자. 봄이 되어 물이 오르고 파릇파릇 새잎을 틔우는 나무처럼 물기운을 머금은 아이의 피부는 부드럽고 매끄러우며, 눈은 맑고 촉촉하며, 턱받이를 해주지 않으면 윗옷을 흥건히 적실 정도로 침을 많이 흘린다. 곤히 잠든 아이 배에 가만히 손을 올려놓으면 숨을 쉴 때마다 규칙적으로 오르락내리락하며 기분 좋은 열감이 전해진다.

우리 몸에서 수승화강이 약해질 때는 생명현상도 약해진다. 노년기에 접어들 때 우리 몸에서 나타나는 변화를 떠올려보자. 날씨가 추워지면 수기를 잃은 나뭇가지가 마르고 잎을 떨구듯이 얼굴과 피부는 건조하고 거칠어지고 주름진다. 이와 머리카락이 빠지고, 눈이 뻑뻑하고 침침해지며, 침 분비량이 줄어 입은 바짝바짝 마르고, 몸은 오그라들어 키도 작아진다. 또 하체의 화기가 약해져 배가 차고 손과 발이 쉬이 저린다.

우리가 수승화강 상태에 있을 때 완벽한 건강이 가능한 에너지 상태가 된다. 우리 몸의 모든 시스템과 장기들이 활발하게 제 기능을 하고, 기혈순환이 잘 되어 온몸에 활력이 넘친다. 뇌가 잘 활동할 수 있는 상태가 되기 때문에 정신이 맑고 집중도 잘 된다. 창조적인 아이디어도 샘솟는다. 정서적으로도 균형이 잘 잡혀 있고 조화롭다. 이런 상태라면 자기 자신이나 다른 사람들이나 세상과도 좋은 관계를 유지하기 쉬울 것이다.

수승화강 상태에서 에너지가 막힘없이 자연스럽게 흐르면 우리 몸과 뇌에는 최상의 생명 환경이 만들어진다. 육체적, 정신적, 정서적, 영적으로 삶의 모든 영역에서 최고의 역량을 발휘할 수 있는 생리적 상태가 된다. '오늘 컨디션이 최고인데!'라고 느낄 때, 머리는 맑고 마음은 편안하고 몸은 활력이 넘치는 그때, 몸속에서는 에너지가 완벽하게 균형을 이루며 수승화강의 상태로 돌아가고 있다.

2장

에너지 균형과 스트레스

잠시 눈을 감고 오늘 하루를 떠올려보자. 스트레스 때문에 몸과 마음의 평정이 깨진 적이 있는가? 짜증이나 화가 났다든지, 불안하거나 초조했다든지, 머리가 지끈거리고 목과 어깨가 결렸다든지, 속이 메슥거리거나 배가 아팠다든지, 한숨이 자꾸 나고 힘이 빠졌다든지, 무기력하고 의욕이 나지 않았다든지, 피곤해서 쉬고 싶은 마음뿐이었다든지, 밤에 잠이 안 와서 계속 뒤척였다든지 등등. 깨어 있었던 시간을 기준으로 하루 중에 몇 퍼센트 정도를 그런 상태로 있었는지 가늠해볼 수 있겠는가?

그때 당신의 에너지 상태는 어땠을까? 머리는 시원하고 아랫배는 따뜻한 수승화강 상태였을까? 물론 아니다. 스트레스로 몸과 마음의 평정이 깨져 있던 그 퍼센트만큼 에너지가 거꾸로 뒤집혀 있었다고 보면 된다. 즉 수기는 아래로 내려가 배가 차가워지고, 화기는 위로 올라가 머리가 뜨거워진 상태였을 것이다.

한국인이 가장 많이 사용하는 외래어로 꼽히는 '스트레스stress'는 에너지적인 관점에서 보면 건강한 에너지의 흐름이 뒤집힌, 전형적인 역逆수승화강 상태를 초래한다. 화가 나거나 스트레스를 받을 때 우리는 흔히 '열받는다', '뚜껑이 열린다'라고 표현한다. 화가 나면 속에서 뜨거운 것이 치밀어 오르며 얼굴이 붉으락푸르락해지고 눈도 이글이글 타오른다. 머릿속이 끓는 주전자처럼 부글부글 들썩이며 정수리가 화끈거리는 상태로 치닫는다. 열받아 뚜껑이 열린다는 말 그대로이다. 이것이 기운이 역상해 화기가 뇌로 치솟은 전형적인 증상이다.

정상적인 에너지의 흐름이 뒤집혀 화기가 위로 올라가고 수기가 아래로 내려오는 역수승화강 상태가 될 때, 우리 몸과 마음에서는 어떤 일이 일어나는지 구체적으로 살펴보자.

화기가 머리로 몰릴 때

먼저 기운이 역상해 화기가 머리로 몰려서 머리가 뜨거워지면 가장 흔히 느끼는 것이 감각기관의 피로, 특히 눈의 피로감이다. 눈이 건조해지고 침침해지며 눈꺼풀이 무거워진다. 눈에 압박감이 느껴져서 자기도 모르게 눈살을 찌푸리거나 눈을 슴벅댄다. 또 침 분비량이 줄어

입은 바싹바싹 마르고, 귀가 먹먹해지거나 울리고, 냄새에도 둔감해진다. 피부도 거칠고 건조해져서 입술이나 몸에 각질이 많이 생긴다.

다음으로 흔한 증상은 목과 어깨의 긴장과 두통이다. 뒤통수와 목 근육 전체가 뻣뻣해져서 아프고 목이 잘 돌아가지 않는다. 어깨는 마치 뭔가를 올려놓은 것처럼 무겁고 결린다. 머리도 맑지 않고 띵하며, 관자놀이가 욱신거리기도 한다. 이때 뒷목이나 어깨, 이마를 만져보면 뜨겁다. 머리에 열이 차니 뇌 기능이 떨어져 깜박깜박 잊어버리고, 집중력이 떨어져 실수도 잦아진다. 그리고 밤에 잠이 잘 오지 않아서 자주 뒤척인다.

또 심장박동이 불규칙해져서 가슴이 두근거리고, 초조하고 불안해진다. 신경이 예민해져서 아무것도 아닌 일에 짜증이 일고, 화가 나기도 한다. 숨이 얕고 불규칙하며 가슴이 답답해진다. 자기도 모르게 한숨을 푹푹 내쉬고, 심하면 우울증과 같은 정서장애를 겪기도 한다. 전반적으로 감정 조절이 잘 안 되어, 부정적인 감정에 빠지기 쉽다.

이렇게 머리에 열을 받는 경우, 뇌의 압력이 높아지고 뇌혈관이 막혀서 여러 가지 질환이 생기기 쉽다. 가벼운 편두통, 안면경련, 눈떨림, 이명, 어지럼증에서부터 심하면 고혈압, 뇌졸중과 같은 신경계질환이 생기기 쉽다.

머리에 화기가 쌓여서 생기는 증상들은 시원한 수기가 필요한 뇌와 얼굴 부위에 뜨거운 화기가 오래 머물러 수기가 말라서 생기는 '몸의 가뭄'이라 할 수 있다. 비가 내리지 않아 가뭄이 들면 땅은 마르고 척박해진다. 땅에 뿌리를 내린 식물들뿐만 아니라 그 식물을 먹고 살아가는 동물들까지 생태계 전체가 고통받는다. 우리 몸도 마찬가지이다. 화기가 아래로 내려가지 않고 머리에 머무는 현상이 계속되면 몸도 마음도 건조해지고, 겨울철에 수기가 말라서 툭툭 부러지는 가지처럼 우리 삶의 곳곳이 망가지기 시작한다.

수기가 아랫배로 몰릴 때

반대로 수기가 아래로 내려가서 배가 차가워지면 어떤 일들이 생길까? 심장과 폐를 제외한 나머지 장기들 즉 위장, 간장, 대장, 소장, 신장, 방광은 모두 복부에 있다. 이들 장기가 활발하게 움직이려면 배 주위를 따뜻하게 해줘야 한다. 그런데 수승화강이 안 되어 아랫배가 차가워지면 장이 굳고 활동성이 떨어져 각종 소화기계 질환이 생긴다. 소화불량, 속쓰림, 위염, 과민성대장증후군, 역류성식도염, 장 누수, 설사 등 이루 헤아릴 수 없이 많다. 또한 배변 기능도 안 좋아져 변비에 걸리기 쉽다.

전반적으로 소화와 대사 기능이 떨어져서 살이 찌기도 쉽다. 비만한 사람들은 더위를 잘 타고 땀도 많이 흘리기 때문에 자신의 배가 차다고 생각하기가 쉽지 않다. 그러나 감각이 예민해져 뱃속의 에너지를 느끼게 되면 시리다고까지 한다.

아랫배가 차가워지면 정신건강에도 해롭다. 장 상태가 감정에 직접적인 영향을 미친다는 사실은 널리 알려져 있다. 행복 호르몬이라 불리는 세로토닌은 총량의 95% 이상이, 쾌감에 관여하는 도파민은 50%가 장에서 만들어진다고 한다. 배가 아프면 신경이 예민해지고 쉽게 짜증이 난다. 장이 안 좋으면 불안, 우울증, 자폐증뿐만 아니라 알츠하이머에도 걸리기 쉽다는 연구 결과가 있다.

우리 몸의 면역력을 좌우하는 면역세포의 70%가 장에 존재한다. 수기가 몰려 아랫배가 차가워지고 장 기능이 떨어지면 면역력도 약해져서 감기에 자주 걸리고, 암이나 당뇨 등 각종 질병에 취약해진다. 아랫배가 차가워지면 생식 기능도 약해진다. 여자는 생리불순 또는 생리통을 겪거나 자궁에 종양이 생기기 쉽고, 임신에도 좋지 않은 영향을 준다. 남녀 모두 성 기능이 떨어진다.

아랫배에 수기가 쌓여서 생기는 증상은 장마가 길어지는 상황에 비유해볼 수 있다. 비는 꼭 필요하지만 시도 때도 없이 계속 내려 장마가 길어지면 불편하기 짝이 없다. 장마가 계속되면 집 안이 습해서 냄새가 나고 곰팡이가 피기 시작한다. 몸도 무거워져 축축 늘어지고, 기분도 우울해진다. 이럴 때는 하루 빨리 비가 그치고 볕이 나서 무겁고 축축한 기운을 걷어주기를 바란다. 마찬가지로 아랫배에 수기가 차서 차고 습해지면 우리 몸도 '에너지의 장마 현상'을 겪는다.

에너지 순환과 스트레스

우리 몸에서 에너지의 흐름이 뒤집혔을 때 일어나는 증상들은 우리가 스트레스 상태일 때 경험하는 증상들과 거의 같다. 스트레스와 역수승화강 증상은 어느 것이 원인이고 어느 것이 결과라고 말하기 어려울 정도로 서로 밀접하게 연결되어 있다. 스트레스를 받으면 에너지가 뒤집히고, 에너지가 뒤집히면 스트레스를 받는다.

모두가 잘 알듯이 스트레스는 건강하고 행복한 삶을 가장 위협하는 요소 중 하나이다. 미국의학협회는 질병의 80~85%의 원인이 스트레스 때문이라고 밝혔다. 영국 런던대학에서 20년 동안 진행한 한 연구에 따르면, 제대로 관리하지 않은 스트레스가 흡연이나 콜레스테롤이 많은 음식보다 암이나 심장질환에 더 큰 위험이 된다고 한다.

스트레스가 면역계에 큰 타격을 입힌다는 사실은 다양한 연구 결과를 통해 널리 알려져 있다. 스웨덴에서 128만 명의 의료 및 건강 자료를 분석한 연구에 따르면, 심한 스트레스 장애를 겪은 사람일수록 자가면역질환을 겪을 가능성이 일반인보다 30~40% 높다고 한다. 미국 오하이오 주립대 심리학 연구팀도 스트레스 정도가 높은 환자일수록 면역 기능의 핵심인 백혈구 수가 일반인보다 20~30% 적었다는 결과를 발표했다.

굳이 연구 결과를 빌리지 않더라도 우리는 스트레스가 면역력을 떨어뜨리는 상황을 일상에서 자주 경험한다. 일이나 인간관계에서

오는 스트레스 때문에 한참을 씨름하고 나면 입안이 헐거나 얼굴에 뾰루지가 나거나 몸살을 앓기도 한다.

스트레스는 면역력을 떨어뜨려 건강을 해칠 뿐만 아니라 우리를 성격이 나쁜 사람으로 만들어버린다. 아무리 성격이 좋은 사람이라도 스트레스가 머리끝까지 차서 역수승화강 상태에 오래 머물면 좋은 사람으로 남아 있기가 힘들다. 아무리 긍정적인 사람이라도 오랫동안 역수승화강 상태에 있으면 부정적인 생각과 감정의 늪에서 헤어나기가 쉽지 않다. 자기도 모르게 불쑥불쑥 화가 나기도 하고, 주위 사람들이 모두 자신을 못살게 구는 것처럼 느껴져 '누구든지 걸리기만 해봐' 하는 상태가 되어 나중에 후회할 말이나 행동을 하고야 만다.

수승화강은 생명체가 건강할 때 저절로 나타나는 자연스러운 에너지 순환으로 에너지가 균형을 이룬 상태이다. 평상시에는 우리 몸속 내장들의 활발한 활동으로 많은 혈액이 복부 주변을 흐르기 때문에 아랫배가 따뜻하다. 머리에 비해 상대적으로 아랫배가 따뜻하면 저절로 에너지 순환이 일어난다. 건강할 때는 우리 몸이 스스로 알아서 수승화강의 상태를 유지하는 것이다.

그러나 스트레스 상황이 되면 우리 몸은 위험 신호로 받아들여 투쟁-도피 반응(Fight or Flight Response)을 보인다. 심장박동이 빨라지고, 혈류가 팔다리로 집중되면서 뇌에는 열이 쌓이고 아랫배는 온도가 떨어진다. 이 상황이 지속되면 위쪽은 뜨겁고 아래쪽은 차가워지기 때문에 에너지가 잘 순환하지 못해서 역수승화강 상태가 된다.

오늘날에는 생활 속의 만성 스트레스가 늘어나 수승화강 상태를 유지하기가 점점 더 어려워지고 있다. 사실 현대인들의 라이프스타일 자체가 스트레스 제조기나 다름없다보니 하루에도 몇 번씩 에너지가 뒤집혀 머리는 열을 받고 배는 차가워진다.

스트레스가 만병의 근원이라는 것을 알지만 스트레스를 안 받고 산다는 것은 사실상 불가능하다. 경쟁과 평가, 목표와 마감이 있는 학교나 직장에서는 말할 것도 없고, 가족이나 연인 사이에도 의견이 맞지 않아 다툴 일이 생기게 마련이다. 자연재해나 미세먼지처럼 우리가 통제할 수 없는 외부적인 스트레스 요인은 또 얼마나 많은가. 코로나바이러스는 아무리 돈이 많고, 권력이 있고, 유명한 사람도 피해갈 수 없었던 모두의 스트레스였다.

물론 스트레스가 항상 나쁜 것만은 아니다. 스트레스가 주는 적당한 긴장은 어려움을 극복하게 하고, 목표를 이루도록 힘을 주며, 삶에 활력을 불어넣기도 한다. 스트레스를 전문적으로 연구하는 사람들에 따르면, 스트레스를 지나치게 회피하거나 스트레스가 극도로 제한된 환경에서 생활하면 오히려 더 쉽게 병에 걸린다고 한다.

우리 몸의 스트레스 반응은 외부의 위협으로부터 스스로를 보호하고 생존하기 위해 만들어진 것이다. 원시 조상들이 자신을 향해 돌진해오는 사자를 보고도 전혀 스트레스를 받지 않고 눈앞의 산딸기를 먹는 것에만 정신이 팔려 있었다면 우리는 오늘 여기에 존재하지 않을 것이다. 프로젝트 마감일이 다가와도 전혀 스트레스를 받지 않는다면 과연 그 프로젝트를 예정대로 끝마칠 수 있을까? 우리는 자극과 변화, 다른 말로 하면 스트레스를 받으면서 이에 적응하는 과정을 통해 진화해왔다. 세상에 태어나는 순간부터 그러했다. 모든 것이 제공되는 아늑한 엄마 뱃속에서 지내다가 세상에 나오는 과정은 아기에게도 엄마에게도 큰 스트레스였다. 그러니 스트레스를 장애로 생각하며 무조건 피하기보다는 삶의 일부로 받아들이며 적극적으로 대응하는 것이 훨씬 현명하다.

스트레스를 관리하는 최고의 전략

스트레스를 잘 관리하기 위해서는 스트레스에 대한 저항력을 키워 스트레스 상황에서도 몸과 마음이 부정적인 영향을 덜 받도록 해야 한다. 이미 스트레스를 받았다면 만성화되지 않도록 빨리 푸는 습관을 들여야 한다. 한마디로 가능한 한 스트레스를 덜 받고, 이미 받은 스트레스라면 빨리 해소해야 한다.

똑같은 스트레스 상황에서도 사람에 따라서 반응은 다르다. 대규모 컨퍼런스에서 수천 명 앞에서 발표할 기회가 주어졌을 때 어떤 사람은 긍정적인 흥분과 기대를 느끼는 반면, 어떤 사람은 대중연설에 대한 공포로 거의 공황에 가까운 스트레스를 받을 것이다. 출근길에 교통체증으로 도로 한복판에 꼼짝없이 갇혔을 때 어떤 사람은 안절

부절못하며 어쩔 줄 몰라 하고, 어떤 사람은 끼어드는 차를 향해 욕설을 퍼부으며 경적을 울려대는가 하면, 어떤 사람은 평정을 유지하며 조용히 기다린다. 당신은 어떤 유형인가? 작은 스트레스 상황에도 안절부절못하는 유리 멘탈보다는 웬만한 스트레스 상황에서도 유연하게 적응하고 대처하는 강철 멘탈을 갖고 싶지 않은가? 어떠한 상황에서도 흔들리지 않는 강철 멘탈, 상황에 쉽게 휩쓸리지 않고 담담하게 제 갈 길을 가는 평상심을 만드는 에너지 상태가 바로 수승화강이다.

스트레스가 병으로 이어지는 중요한 요인은 스트레스의 지속성이다. 큰 스트레스를 받았더라도 잘 회복하면 다행이지만, 약한 스트레스라 하더라도 오래 지속될 경우 심신의 균형이 무너지고 만다. 예를 들어, 큰 충격이지만 시간이 지나면 자연스럽게 잊히는 가족의 사망 같은 스트레스보다 직장과 가정에서 받는 일상의 작은 스트레스들이 해소되지 않고 쌓이면 병이 나기 더 쉽다는 것이다. 그렇기 때문에 일상생활 속에서 스트레스를 쌓아두지 말고 잘 해소하는 습관을 길러야 한다.

평소에 하루 동안 쌓인 스트레스를 풀고 잠자리에 드는가? 새로운 한 주를 시작할 때 지난주에 쌓인 스트레스가 어느 만큼이나 남아 있는가? 스트레스 상황에 처했을 때, 스트레스에 적응하거나 극복하는 데 시간이 얼마나 걸리는가? 일상의 크고 작은 스트레스가 지속적으로 쌓여서 몸과 마음에 큰 장애가 되도록 방치하지 않고 스트레스를 건강하게 해소하는 습관이 있는가?

몸을 많이 써서 생긴 피로는 쉬어주면 금방 해소되지만, 마음이 상해서 생긴 스트레스는 잘 해소되지 않는다. 쓸데없이 공회전을 많이 하면 자동차의 엔진이 상하는 것처럼, 마음을 바꿔보려고 애쓰지만 잘 안 되니 더 스트레스를 받게 된다. 이럴 때 활용할 수 있는 강력한 원리가 있다.

기생심 심생기氣生心 心生氣,
에너지가 마음을 만들고, 마음이 에너지를 만든다.

에너지와 마음은 분리되지 않는 하나이며 서로에게 영향을 미친다는 뜻이다. 한마디로 에너지를 바꿈으로써 마음에 영향을 미칠 수 있다는 말이다. 그러니 마음을 바꾸는 것이 잘 되지 않을 때는 이 원리에 따라 에너지를 먼저 바꿔보자. 머리로 올라가 있는 화기를 아래로 내려주고, 아래에 있는 수기를 위로 올려서 수승화강 상태로 에너지의 균형을 회복하는 것이다. 이렇게 에너지 상태가 바뀌면 몸은 활력을 되찾고 마음은 편안해진다.

수승화강의 생리학

운전을 하는데 앞차가 갑자기 급정거를 하는 바람에 깜짝 놀라서 브레이크를 있는 힘껏 밟았다. 그때 몸은 어떤 반응을 보일까? 심장이 쿵쾅거리고, 호흡이 가빠지고, 이마에 땀이 나고, 어깨에 잔뜩 힘이 들어가 핸들을 꽉 쥘 것이다. 위기의 순간에서 벗어나 안전하다는 것을 확인하고 나서야 '휴~' 하고 안도의 숨을 내쉬며 놀란 가슴을 진정시킬 것이다. 우리가 평소에 당연하게 생각하는 이런 반사적인 신체 반응은 모두 자율신경의 작용이다.

숨 쉬고, 잠자고, 소화하고, 심장이 뛰고, 체온이 오르고 내리는 등 우리가 신경 쓰지 않아도 알아서 돌아가는 생명 기능들은 모두 자율신경이 조절한다. 자율신경은 우리 몸의 항상성恒常性, 즉 안정과 균형을 유지하는 열쇠이다.

자율신경은 뇌의 중심부에서 시작해 척수신경을 따라 뻗어 있다. 교감신경과 부교감신경으로 나뉘는데, 이 둘은 마치 시소처럼 한쪽이 강해지면 다른 쪽은 약해진다. 교감신경은 우리를 흥분시키거나 긴장시키고, 부교감신경은 이완하고 휴식을 취하게 한다. 우리가 스트레스를 받으면 위기 상황에 대응하는 교감신경이 주도권을 쥐고 우리 몸과 뇌를 조절한다. 한편 부교감신경이 담당하는 이완, 휴식, 해독, 치유의 기능들은 약해지거나 잠시 멈춤 상태가 된다.

주행 중에 급브레이크를 밟을 때처럼 당신이 놀랐을 때는 교감신경이 활성화한다. 그때는 심박수, 혈압, 혈당이 증가하고 소화기 등 내장기관에서 피가 빠져나와 팔과 다리 근육에 집중된다. 위기 상황에서 빠르게 벗어나기 위해 필요한 에너지를 팔과 다리에 제공하기 위해 근육의 혈류는 최대 1200%까지 상승할 수 있다고 한다.

스트레스 상황이 끝나면 부교감신경이 활성화해 비상 상태였던 몸을 안정시킨다. 부교감신경 중에서도 미주신경은 가장 길고 복잡하게 분포된 뇌신경이다. 뇌에서 시작해 목과 식도를 지나 흉강과 복강의 장기들(폐, 심장, 위장, 간, 소장, 대장, 신장 등)까지 안 뻗친 데가 없다. 이 미주신경의 작용으로 심장박동이 다시 느려지고, 소화효소를 많이 만들어 소화를 촉진한다. 신장에서는 소변을 통해 노폐물 배출이 원활해지고, 소장에서는 음식물의 소화가 활발하게 이루어진다. 또 미주신경은 눈물샘과 침샘을 자극해 눈물과 침을 만들어낸다.

교감신경과 부교감신경은 밀물과 썰물처럼 주거니 받거니 협력하면서 우리 몸의 균형과 조화를 유지한다. 그런데 일상의 스트레스가 갈수록 늘어나 둘 사이에 균형이 자꾸 깨지면서 교감신경이 우위에 있는 시간이 너무 길어지는 것이다. 스트레스 반응이 장시간 지속되면 우리 몸은 늘 위기에 대응하는 긴장 상태에 놓인다. 반대로 부교감신경이 억제되는 상태가 길어지면서 우리 몸은 활력을 충전할 기회를 잃는다.

교감신경이 활성화하면 에너지가 소모되고, 부교감신경이 활성화하면 에너지가 회복된다. 그런데 교감신경의 과로로 에너지는 계속 쓰는데 제대로 충전을 못 하면 결국에는 방전되어 몸이 고장 나기 시작한다. 이런 상황이 반복되면 우리 몸의 근육·신경·장기가 피로해지고, 혈액순환이 원활하게 이루어지지 않으며, 면역력이 떨어지고, 내분비 기능이 교란된다. 건강의 균형이 깨지면서 몸이 조절 능력을

미주신경

눈
수기운이 머리쪽으로
올라가 눈이 촉촉해지고,
정체된 에너지와 독소가
눈물로 빠져나와 시야가
더 선명해진다.

입
머리쪽으로 수기운이
잘 순환되어 침이 고이고,
정체된 에너지는
하품으로 빠져나간다.

심장
화기운이 아랫배쪽으로
내려가 심장의 열이
빠져나가고, 심박수가
안정된다.

폐
호흡이 깊고 느려지며,
더 많은 산소가 폐로
들어오고 더 많은
이산화탄소가 배출된다.

복부
화기운이 쌓이면서
복부가 따뜻해지고,
소화가 잘 되며,
혈액순환이 원활해진다.

신장
신장까지 내려온
화기운에서 수기운을
만들어낸다.

수승화강에 따른 기氣적, 생리적 변화

상실하여 질병이 생기기 쉬워지는 것이다.

우리 몸을 다시 균형 상태로 되돌리기 위해서는 혹사당하고 있는 교감신경의 부담을 줄이고, 억제되어 있는 부교감신경을 활성화해야 한다. 특히 몸의 주요 장기에 연결된 미주신경을 활성화하는 것이 중요하다.

우리 몸이 수승화강 상태에 있을 때는 아랫배가 따뜻해지고, 심장 박동수와 호흡수가 줄어들고, 눈이 촉촉해지고, 입에 침이 고인다. 부교감신경, 특히 미주신경이 활성화했을 때 나타나는 생리적인 현상들이다. 결론적으로 우리가 노력해서 수승화강 상태를 만들면 자율신경의 균형을 회복할 수 있다. 스트레스로 긴장과 흥분 상태에 있는 우리 뇌와 몸을 쉬게 하고 이완할 수 있다.

3장

내 몸과 연결하는 감각을 회복하라

건강과 스트레스 관리 외에도 우리 몸을 반드시 수승화강 상태로 만들어야 하는 중요한 이유가 있다. 우리는 수승화강을 통해 내 몸과의 연결을 강화하고 몸의 감각을 회복할 수 있기 때문이다. 건강을 잃는 데에는 여러 가지 요인이 있겠지만 큰 요인 중의 하나가 자기 몸과의 단절이다.

우리 몸에는 조화와 균형을 유지하기 위한 다양한 장치가 있다. 체온, 혈압, 혈당, 심박수 등이 너무 높거나 낮지 않게 항상성을 유지하는 기능, 세균이나 바이러스로부터 몸을 보호해주는 면역력 등이 그 예이다.

우리 몸은 아주 예민하고 똑똑하다. 스스로 알아서 균형과 조화를 유지하고, 균형이 깨졌을 때는 우리에게 신호를 보낸다. 그 신호는 근육의 긴장이나 통증, 불안감이나 초조, 피로감이나 무기력 등 다양한 형태로 나타난다. 몸이 이러한 신호를 보낼 때는 귀를 기울이고 몸을 보살펴줘야 한다.

그러나 우리는 자신의 몸에 주의를 기울이기보다는 외부 환경이나 자극에 더 많은 영향을 받으며 생활하다 보니 자기 몸과 단절된 경우가 많다. 감각이 둔해질 대로 둔해져서 몸이 보내는 신호를 잘 알아차리지 못한다. 알아차렸더라도 어떻게 대처해야 할지 모르거나 바쁘다는 핑계로 무시해버리기 일쑤이다.

게임 마니아들은 목과 어깨가 결리고 아파도 꾹 참고 종일 컴퓨터 앞에 앉아 있다. 한창 몰입 중인 게임의 흐름이 끊기면 안 된다며 밥도 안 먹고 화장실 가는 것도 참으며 밤을 새우기도 한다. 몸이 "제발, 그만!" 하고 비명을 질러도 귓등으로 듣고 흘려버린다. 또 자신의 몸 상태는 생각하지 않고 무턱대고 유행하는 다이어트를 따라 하며 몸을 혹사하는 사람들이 여전히 많다. 몸에서 통증을 느끼면 왜 그 통증이 생기는지 주의 깊게 살펴보지 않고 냉큼 진통제부터 삼킨다.

생활 속에서 수승화강의 원리를 적용하기 위해 가장 중요한 것은 자기 몸의 소리에 귀를 기울여 몸이 보내는 신호들을 읽어내는 것이다. 지금 내 머리가 시원한지 뜨거운지, 아랫배와 손발이 따뜻한지 차가운지, 호흡이 편안하고 깊은지 혹은 불안정하고 얕은지, 근육이 뭉치고 긴장된 곳은 없는지, 자세는 바른지 구부정한지 등 일상에서 자연스럽게 내 몸을 살피는 것이다.

일단 내 몸의 균형이 깨졌다는 것을 자각해야 균형을 회복하기 위해 노력할 수 있다. 목이 마르면 물을 마시고, 과식을 했으면 음식을 줄이고, 영양이 부족하면 보충하고, 몸이 찌뿌둥하면 스트레칭을 하고, 몸에 활력이 떨어지고 냉기가 느껴지면 햇볕을 쬐고, 피로가 쌓였으면 충분한 휴식과 수면을 취하는 등 몸에 필요한 것들을 파악해서 적극적으로 반응해주는 것이다. 그러나 평소에 자기 몸 상태에 대한 자각이 없으면 몸이 정말로 무엇을 원하는지 몰라서 불균형이 악화될 수밖에 없다.

몸이 알아서 거부한다

수승화강을 건강의 원리로 삼은 후, 수년 동안 못 고친 나쁜 습관을 하루 아침에 끊은 사람들이 많다.

A씨는 대학 시절에 처음 담배를 시작해서 20년 가까이 피웠다. 스트레스가 심한 날에는 하루에 두 갑도 피웠다. 결혼을 하고 아이들이 태어나자 자식들의 건강을 위해서라도 담배를 끊으려고 노력했지만 성공하지 못했다. '남들은 잘만 끊던데 왜 나는 안 되는 걸까.' 의지박약이라는 피해의식까지 생겼고 자존감은 갈수록 낮아졌다. 그러던 그녀가 단학수련을 시작한 지 한 달이 채 안 돼서 담배를 완전히 끊었다. 일부러 담배를 끊으려고 한 것은 아니었다. 담배를 피우면 구역

질이 나서 피울 수가 없었다.

　이와 같은 사례는 수도 없이 많다. 술이 달다며 물 마시듯 하던 사람이 어느 날 술이 너무 써서 도저히 넘길 수가 없게 되었다고도 하고, 고열량의 햄버거를 입에 달고 다니던 사람이 기름 냄새가 너무 역겹게 느껴져서 더 이상 안 먹게 되었다고도 한다. 그런 사람들은 한결같이 말한다. "이상하게 몸에서 받지를 않아요." 이것은 이상한 일이 아니다. 몸의 감각이 정상적으로 회복되었기 때문에 나타나는 자연스러운 현상이다. 수승화강 상태에서는 몸의 균형을 깨는 에너지가 들어오면 몸이 싫어하고 거부한다.

　그리고 수승화강은 우리 뇌가 잘 기능할 수 있도록 최적의 상태를 만들어준다. 에너지 순환이 잘 되어 뇌가 시원할 때 몸의 감각기관은 더 활성화하고, 오감을 통해 정보를 받아들여 분석·판단·결정하는 뇌의 기능도 더 좋아진다. 이것이 우리에게 조화와 균형의 감각을 회복하도록 해준다.

미병, 에너지 차원에서 바라본 질병의 뿌리

감각이 회복되면 나쁜 습관을 고치는 것뿐 아니라 병을 예방하는 데에도 큰 도움이 된다. 서양의학에서는 병이 어떤 특정한 증상으로 드러나야 병이라고 인정한다. 종양이 생겼다든지, 바이러스에 감염되었다든지, 극심한 고통을 느낀다든지, 활력 징후(맥박, 호흡, 체온, 혈압

등)가 크게 변한다든지 하는 식으로 말이다.

하지만 동양의학에는 '미병未病'이라는 개념이 있다. 미병이란, 아직은 병이 아니지만 그대로 두면 병으로 발전할 수 있는, 질병과 건강 사이의 상태를 말한다. 예를 들면, 뚜렷한 병은 없지만 아침에 일어날 때마다 심한 피로감을 느끼거나, 충분히 쉬어도 피로가 가시지 않거나, 뚜렷한 감기 증상을 보이지는 않지만 몸에 냉기가 돌고 으슬으슬 춥고 여기저기가 쑤시거나, 자주 소화가 안 되고 잠을 편히 이루지 못하거나, 여자들의 경우 생리주기가 바뀌고 생리 양이 줄거나 느는 등 불편한 증상이 계속되는 경우이다.

중국의 역사서《사기》에는 미병에 관련된 일화가 있다. 위나라의 왕이 당시 의술로 명성이 자자했던 편작을 불러 다음과 같이 물었다. "자네 집안의 세 형제가 모두 의술에 능하다고 하던데, 그 중 누가 제일인가?" 편작이 대답했다. "큰형님이 가장 뛰어나고, 그 다음이 작은형님이며, 소인이 가장 부족합니다." 왕이 의아해 하며 다시 물었다. "그런데 어째서 자네의 명성이 가장 높은가?" 편작이 답했다. "큰형님은 환자의 병세가 나타나기도 전에 그 원인을 제거해 치료합니다. 그러므로 사람들은 형님이 자신의 병을 고쳤는지조차 모릅니다. 작은형님은 병이 발생하는 초기에 치료합니다. 그래서 사람들은 작은형님의 의술을 그저 작은 병을 치료할 만한 정도로만 여깁니다. 저는 병세가 아주 위중해서 사람들이 고통을 느낄 때라야 비로소 병을 알아보고 치료합니다. 이것이 삼형제 중 실력이 가장 하수인 제가 명의라 소문난 이유입니다." 말하자면 편작의 큰형이 미병을 다스렸던 것이다.

건강한 몸은 잠시 균형을 잃었다가도 다시 균형을 찾고, 역수승화강 상태에 빠졌다가도 다시 수승화강으로 돌아간다. 하루 종일 일을 하고 집에 돌아오면 머리가 뜨겁고 피로를 느낀다. 스트레스를 많이 받은 날은 더 그렇다. 그래도 휴식을 취하고 잠을 푹 자고 난 다음날 아침이면 정상으로 돌아온다. 뜨겁던 머리도 밤사이 수승화강이 되어 다시 시원해진다.

우리가 건강할 때는 모든 생명 활동이 자연스럽게 일어난다. 소화가 잘 되고, 숨이 편하게 쉬어지고, 잠도 잘 오고, 몸을 움직일 때 통증이 느껴지지 않는다. 아침에 일어났을 때 몸이 가볍고 특별히 불편한 곳이 없는 상태가 정상이다. 그런데 잠을 충분히 자고 일어났는데도 머리가 멍하고 숨쉬기도 불편하고 몸이 무겁다면, 그런 상태가 며칠이고 지속된다면 만성적인 역수승화강 상태인 것이다.

컨디션이 좋지는 않지만 그렇다고 딱히 병원에 갈 정도는 아닌 상태는 바쁘게 지내다보면 잊어버린다. 그러다 오후가 되면 피곤하고, 나른하고, 의욕이 떨어지는 주기가 반복된다. 피로가 풀리지 않고 계속 쌓이고, 불편한 증상이 개선되기는커녕 점점 심해지면 그제야 걱정되어 병원을 찾는다. 진료 후에 심전도 검사, 혈액검사, 엑스레이 촬영 등 온갖 검사를 받아본다. 그런데 검사 결과, 몸에 이상이 없다고 하면 참 답답해진다. 분명 컨디션은 나빠지고 있고 불편한 증상들이 마음에 걸리는데도 의사는 괜찮다고 한다. 괜찮다니 다행이다 싶으면서도 마음 한구석은 찜찜하다.

이런 일이 몇 차례 반복되면 나중에는 몸이 찌뿌둥하고 피로한 상태, 무기력하고 의욕이 없는 상태에 익숙해진다. 다들 이렇게 사는 것이려니 하고 만다. 자신도 모르게 '나는 원래부터 이랬어'라는 자기최면에 걸린 채 생활하게 된다. 고장 난 용수철처럼 인체의 회복력과 면역력이 떨어진 상태, 즉 컨디션이 안 좋은 상태가 일상이 되는 것이다.

병원에서는 이런 상태를 병으로 진단하지 않지만 수승화강의 관점에서 보면 에너지가 병든 상태, 에너지 순환 시스템에 이상이 생긴 상태이다. 에너지 순환이 순조롭게 이루어지지 않아 작은 스트레스에도 에너지가 뒤집히고, 뒤집힌 에너지가 제대로 돌아오는 데에도 시간이 많이 걸리는 것이다.

질병은 하루아침에 생기지 않는다. 어제까지만 해도 아무렇지 않았는데 갑자기 발병하는 질환은 거의 없다. 우리가 의식하지 못하거나 의식했어도 잘 몰라서 미병 상태를 무시하고 방관한 것이다. 물론 코로나바이러스처럼 급성으로 진행되는 질병도 있지만 극히 일부다. 대부분의 큰 병은 오랜 시간에 걸쳐 서서히 진행되며 만성질환으로 발전하기 전에 크고 작은 경고신호를 보내기 마련이다.

한 개의 암세포가 직경 1센티의 종양으로 자라는 데에 걸리는 시간이 얼마나 될까? 의사들은 약 10년이라고 한다. 한 개의 암세포가 세포분열을 계속해서 약 10억 개의 세포가 되면 그 덩어리의 직경이 1센티, 무게가 1그램 정도 된다고 한다. 이 정도 크기가 돼야 진찰이나 검사를 통해 진단할 수 있다고 한다. 암 진단이 가능한 크기인 1센티로 증식하기까지가 암의 잠복기인 셈인데, 그 기간이 약 10년이라는 것이다. 암이 무서운 것은 1센티 자라는 데에는 10년이나 걸리지만, 그 두 배가 되는 데에는 불과 1년밖에 걸리지 않기 때문이다. 암세포 숫자가 기하급수적으로 불어나는 것이다. 갑자기 발견되어 큰 충격을 주는 무서운 암도 사실은 어느 날 갑자기 생긴 것이 아니라는 말이다.

미병 상태일 때는 병이 모습을 드러냈을 때보다 원래의 정상적인 상태로 되돌리기가 쉽다. 몸과 마음에 나타나는 여러 가지 불편한 증상들은 우리 몸의 에너지가 막혀 있으니 이를 풀어달라고 몸이 보내는 신호다. 이 신호를 초기에 알아차리고 에너지의 흐름을 바로잡아주면 심각한 병으로 발전하는 것을 막을 수 있다. 하지만 에너지가 오래 정체되면 고통과 불편함은 더해지고 심각한 육체적, 정신적인 질병으로까지 이어진다.

활력 없는 삶을 정상이라 착각하지 말자

몸이든 마음이든 우리가 불편하다고 느낄 때는 분명 이유가 있다. 그럴 때는 의료의 도움을 받아 드러난 증상을 해결하는 것도 중요하지만 증상의 근본적인 원인에 대해서도 생각해봐야 한다. 자신의 일상 생활을 돌아보고 몸과 마음의 균형을 깨트리는 습관이나 생활패턴 이 있는지 주의 깊게 살펴봐야 한다. 이것은 다른 사람이 대신해줄 수 없다. 의사나 약사가 때때로 건강에 대해 조언할 수는 있지만, 당신의 몸과 마음에 주의를 기울이고 친절하게 돌보는 일은 오직 당신만이 할 수 있다.

인간의 수명이 늘어나면서 100세 시대가 당연해진 지금, 건강과 웰빙은 그 어느 때보다 중요한 관심사가 되었다. 아프면서 오래 사는 것은 누구도 원하지 않기 때문이다. 건강을 단지 병이 없는 상태라고 여기는 소극적인 건강 개념은 한물간 지 오래이다. 요즘은 육체적, 정 신적 건강은 물론이고 사회적, 영적으로 삶의 모든 차원에서 균형이 잡힌 최적의 건강 상태를 추구한다.

만성적인 스트레스로 몸의 회복력이 떨어져서 삶에 탄력이 없는 상태를 정상이라고 여기지 말자. 그 상태에서는 에너지가 무거워진 다. 변화를 받아들이기보다는 저항하게 되고, 삶이 자유롭고 힘차게 흐르지 못하고 정체된다. 우리에게는 몸이 가진 기능을 최고로 발휘 할 수 있도록 해주는 완벽한 에너지 시스템이 있다. 그러니 당신 몸에 내장된 그 에너지 시스템을 작동시키는 건강의 황금원리를 활용해 삶에 새로운 활력과 탄력을 불어넣어라. 수승화강이 일과 인간관계, 우리가 소중하게 생각하는 가치를 위해 즐겁게 몰입할 수 있는 최상 의 생명 환경을 만들어줄 것이다.

4장
수승화강을 위한
세 개의 엔진을 가동하라

우리 몸에서 수승화강의 순환이 어떻게 이루어지는지 에너지 시스템에 대해 자세히 알아보자.

한의원에 가면 온몸에 선과 점들이 그려진 인체 모형을 볼 수 있다. 모형에 그려진 선과 점들은 에너지가 흐르는 길과 에너지가 들고 나는 지점을 표시한 것이다. 에너지가 흐르는 길을 경락經絡이라고 부른다. 여러 노선으로 연결된 지하철이 승객들을 도시의 이곳저곳으로 실어 나르듯 우리 몸에는 여러 경락들이 종횡으로 연결되어 몸 구석구석까지 에너지를 실어 나른다.

경락 위에는 에너지가 많이 모여 있고 에너지가 들고 나는 지점들이 있는데 이를 경혈經穴이라 부른다. 경혈은 경락을 지나는 에너지의 흐름을 조절하는 일종의 스위치나 밸브라고 보면 된다. 경혈에 침을 놓거나 뜸을 뜨거나 지압을 해서 경락을 흐르는 에너지의 흐름을 조절할 수 있다. 특정한 자세나 동작을 취함으로써 경락을 흐르는 에너지의 흐름을 조절하기도 한다. 우리 몸에는 장기와 관련된 12개의 주요 경락과 몸의 앞뒤 중앙선을 흐르는 2개의 경락, 365개의 혈자리가 있다.

경락과 경혈은 해부를 해도 육안으로 볼 수가 없는데, 어떻게 이런 에너지 시스템을 발견하고 정리할 수 있었을까? 또 어떤 병에는 어느 경락과 어느 혈자리들을 자극하라는 표준화된 치료법이 어떻게 만들어질 수 있었을까?

그것은 수천 년 동안 에너지를 직접 몸으로 느끼고자 노력해온 수행의 전통이 있었기 때문이다. 고대의 현자들, 요기, 기공 수행자들이 깊은 명상과 수행을 통해서 직접 눈으로 보거나 몸으로 느끼거나 직관적으로 알게 된 정보들이 있었기 때문이다. 여기에 동양의학을 깊이 탐구한 사람들의 수천 년에 걸친 실증적인 경험이 더해져서 우리 몸의 에너지 시스템 체계가 정립된 것이다.

우리 몸의 경락 중에서도 수승화강의 에너지 순환과 직접적인 관련이 있는 경락은 독맥督脈과 임맥任脈이다. 독맥은 수기水氣가 머리로 올라가는 길이고, 임맥은 화기火氣가 아랫배로 내려오는 길이다. 이 두 경락은 마치 동전의 양면처럼 우리 몸의 앞면과 뒷면을 흐르고 있다.

이 두 경락의 에너지 흐름을 이해하려 할 때 자기 몸의 해당 부분을 의식해보면 도움이 될 것이다. 먼저 독맥은 회음부(성기와 항문 사이)에서 시작해 꼬리뼈를 거쳐 척추를 타고 뒷목까지 올라간다. 거기서 다시 뒤통수를 타고 머리끝 정수리까지 올라간 후, 이마와 코를 거쳐 윗입술에서 멈춘다. 임맥은 입술 밑의 움푹 들어간 곳에서 시작해 턱, 목, 가슴, 배를 거쳐 다시 회음으로 이어져 독맥과 만난다.

이 흐름을 아주 기초적인 해부학 상식과 연결해보면 독맥은 몸의 뒷면에 있는 척추, 뇌와 관련이 깊고, 임맥은 몸의 앞면에 있는 폐, 심장, 복부의 여러 소화기관, 생식기관과 관련이 깊을 것이라 짐작된다. 독맥과 임맥은 우리의 머리와 몸통에 있는 생명을 유지하는 데에 필수적인 장기와 그 장기의 기능과 밀접한 관련이 있다.

우리 몸에 내장된 세 개의 에너지 센터

독맥을 타고 시원한 수기가 머리로 올라가고 임맥을 타고 따뜻한 화기가 아래로 내려오는데, 우리 몸에는 에너지가 이런 방향으로 움직이도록 엔진 역할을 하는 곳이 세 군데 있다. 하나는 아랫배에, 다른 하나는 가슴에, 마지막 하나는 머리에 있다. 선도수련의 전통에서는 이 세 개의 엔진을 단전丹田이라 부른다. 인도의 요가에서 말하는 차크라Chakra와 비슷한 개념이다. 단전은 '에너지의 밭'이라는 뜻으로 에너지가 강하게 모여 있는 센터라고 생각하면 된다. 위치에 따라 아랫배에 있는 것은 하단전, 가슴에 있는 것은 중단전, 뇌에 있는 것은 상단전이라 부른다. 이 세 단전의 위치와 각각의 특징, 역할을 간단하게 살펴보겠다.

먼저 배꼽에서 아래로 5센티 정도 되는 지점을 손가락으로 짚어보자. 그곳에서 복부 안쪽으로 들어간 중앙에 하단전이 위치한다. 그곳에 붉은 태양이 있고, 붉게 타오르는 태양이 빛과 열을 발산하며 아랫배 전체를 따뜻하게 데우는 모습을 상상해본다. 이것이 하단전의 느낌이다. 이 책의 도입부에서 주먹으로 아랫배를 두드리게 한 것은 바로 이 하단전의 에너지를 자극하기 위해서였다. 피트니스 트레이닝에서 흔히 코어core라고 불리는 이곳은 육체적으로는 인체의 무게 중심이며, 에너지적으로는 우리 몸의 가장 근원적인 생명력이 자리한 곳이다. 복부에 위치한 각종 소화기관, 신장, 비뇨기관, 생식기관의 기능과 관련이 깊다.

하단전의 에너지는 붉고 뜨거운 성질을 지닌다. 육체적인 건강을 관장하는 하단전의 에너지가 건강하면 에너지의 중심부인 아랫배가 따뜻하고, 소화가 잘 되며, 활력이 넘친다. 또 전신의 기혈순환이 잘 되어 중심부에서 멀리 떨어진 손발까지 따뜻하다. 몸에 활력이 떨어지거나 소화기관이나 생식기관이 약하고 설사를 자주 하는 사람은 하단전의 에너지가 약해서 아랫배가 차다. 손발이 찬 이유도 아랫배의 에너지가 충분히 따뜻하지 않을 뿐 아니라 그 에너지가 손끝 발끝까지 순환이 잘 안 되기 때문이다. 하단전의 에너지가 충만하지 못하면 전신의 에너지 순환과 활력 또한 원활하지 않다.

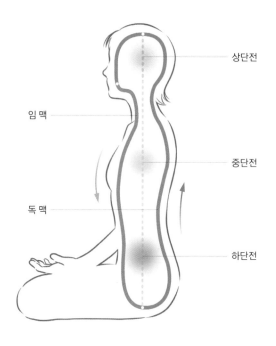

상단전

임 맥

독 맥

중단전

하단전

수승화강의 에너지 순환 시스템

이제 가슴 한가운데, 양 유두의 중간 지점을 손가락으로 짚어보자. 거기서 가슴 안쪽으로 들어간 중앙에 중단전이 위치한다. 그곳에 아름다운 황금색 꽃이 활짝 피어나 가슴을 환한 빛으로 채우는 모습을 상상해보자. 중단전의 에너지는 황금색을 띠며 너무 차갑지도 뜨겁지도 않은 따뜻한 성질을 지니고 있다. 감정 활동을 총괄하는 중단전의 에너지가 활성화하면 자신감과 생기가 넘치고 감정을 조화롭게 조절하고 활용할 수 있다. 반면 중단전의 에너지가 약하면 감정 기복이

심하고, 부정적인 감정에 휩싸이기 쉽다. 또 긴장감, 압박감, 답답함을 느끼며 호흡이 얕고 가쁘다.

이제 이마의 양 눈썹 사이, 부처의 이마에 보석이 박힌 지점, 흔히 제 3의 눈이라 불리는 지점을 손가락으로 짚어보자. 거기서 머릿속으로 들어간 뇌의 중앙에 상단전이 위치한다. 머릿속 중앙에서 푸른 별이 찬란한 빛을 뿜으며 머릿속을 환하게 밝히는 모습을 상상해보자. 상단전의 에너지는 푸른색을 띠고 시원한 성질을 지닌다. 이곳의 에너지는 우리의 정신적, 영적 활동을 총괄한다. 상단전의 에너지가 활성화했을 때는 의식이 맑고 밝아져 지혜와 직관력, 통찰력 등이 개발된다. 상단전의 에너지가 약하면 머리가 맑지 않고, 집중력이 떨어지며, 창조적인 아이디어도 잘 떠오르지 않는다.

배는 따뜻하게, 가슴은 편안하게, 머리는 시원하게

이 세 개의 단전이 어떻게 수승화강의 에너지 순환에서 엔진 역할을 하는 것일까? 이 세 개의 에너지 센터 중에서 가장 기본이 되는 것은 하단전이다. 하단전은 우리 몸의 에너지 시스템에서 석탑의 기단처럼 무게중심 역할을 한다. 기단이 튼튼하지 않으면 탑이 무너지기 쉬운 것처럼 하단전이 약하면 중단전, 상단전도 건강하기가 쉽지 않다.

하단전이 활성화해 아랫배에서 뜨거운 에너지의 중심이 만들어지면 이 에너지가 허리에 있는 신장에 영향을 준다. 동양의 오행론五行論

에 따르면 우리 몸에서 수기를 만들어내는 곳이 바로 신장이다. 하단전의 뜨거운 에너지가 신장에 있는 수기를 밀어 올려 수기가 독맥을 타고 머리 쪽으로 올라가는 순환이 일어난다.

머리로 올라간 수기는 상단전을 맑고 시원하게 한다. 맑은 수기로 활성화한 상단전은 뇌 전체를 상쾌하게 하며 이 수기가 아래로 내려가 눈을 촉촉하게 하고, 얼굴에 윤기가 돌게 하며, 입에 침이 고이게 한다. 여러 복잡한 정신활동으로 열받은 뇌에 쌓였던 화기를 몸통 쪽으로 밀어 내린다.

수기를 만들어내는 곳이 신장이라면 화기를 만들어내는 장기는 심장이다. 그런데 화기는 뇌에서도 많이 발생하고 뇌에 머물기도 한다. 신장에서 올라온 수기는 머리와 심장의 화기를 밀어 내려 화기가 임맥을 타고 아랫배의 하단전으로 내려가게 한다(화강). 이때 수기가 화기를 밀어내지 못하면 머리와 가슴에 화기가 그대로 정체될 뿐만 아니라, 심한 경우에는 심장의 화기가 역상해 머리로 올라가게 된다. 머리와 가슴에서 내려온 화기는 하단전에 쌓여 복부에 있는 여러 장기들로 전달되고 신장의 수기를 독맥으로 밀어올린다(수승). 이것이 임맥과 독맥, 상·중·하단전이 함께 일하면서 만들어내는 수승화강의 에너지 흐름이다.

세 개의 단전을 활성화하는 과정을 선도에서는 '정충기장신명精充氣壯神明'이라 부른다. 아랫배의 에너지인 정精이 충만하고, 가슴의 에너지인 기氣가 성숙하고, 머리의 에너지인 신神이 밝아지는 것을 말한다. 세 개의 에너지 센터가 활성화하고 수승화강의 순환이 잘 이루어 질 때 배는 따뜻하고, 가슴은 열리고, 머리는 시원해진다. 반대로 세 개의 에너지 센터가 활성화하지 않고 수승화강이 안 되면 배는 차갑 고, 가슴은 닫히며, 머리는 뜨거워진다.

수승화강이 제대로 이루어지면 이 세 군데 에너지 센터가 발달한 다. 역으로 이 세 군데 에너지 센터가 발달하면 수승화강이 잘 이루어 진다. 동양에서 수승화강을 건강과 장수, 영적인 수행을 위한 근본으 로 여겼던 까닭은 수승화강을 통해 세 개의 에너지 센터가 활성화하 기 때문이다. 하단전은 원초적인 생명력과 육체적인 건강을, 중단전 은 성숙한 감정 조절을, 상단전은 모든 정신활동과 삶에 대한 통찰과 지혜를 담당한다. 그러니 이 세 개의 에너지 센터가 고루 발달하면 몸, 마음, 정신이 건강해져 삶의 질이 높아질 수밖에 없다.

이러한 우리 몸의 에너지 시스템에 대한 설명은 에너지를 체험해 보지 않고는 뜬구름 잡는 것처럼 추상적이고 어렵게 느껴질 수 있다. 그러나 몸에서 에너지를 느끼게 되면 음식을 먹을 때 혀끝으로 맛을 느끼고, 삼킬 때 목 넘김을 느끼는 것처럼 구체적으로 다가온다. 복근 을 열심히 단련하면 없던 식스팩이 생기는 것처럼, 에너지의 원리와 시스템을 이해하고 꾸준히 감각을 개발하고 연습하면 예전에는 느 끼지 못했던 에너지 센터를 느끼고 이를 활성화할 수 있다.

나는 학교 체육시간에 공 다루기, 수영, 체조 등을 배우는 것처럼 심신의 건강을 위해 에너지를 느끼고 활용하는 법을 모두가 배워야 한다고 생각한다. 에너지를 느끼고 그 감각을 계속 개발하면 수승화강의 원리를 더 깊이 이해할 수 있고, 책에서 소개하는 여러 수련법들을 더 잘 활용할 수 있다.

설령 에너지의 미세한 느낌을 전혀 감지하지 못한다고 해도 수승화강의 원리가 당신의 건강을 개선하고 삶의 질을 높이는 데에 도움을 줄 것이다. 머리와 아랫배의 온도를 감지함으로써 수승화강 상태인지, 역수승화강 상태인지 정도는 충분히 가늠할 수 있기 때문이다. 또 이 책에서 제시하는 수승화강을 돕는 운동과 수련을 꾸준히 해주면 몸이 스스로 에너지가 막힌 곳은 뚫고, 부족한 곳은 보태고, 넘치는 곳은 덜어내면서 에너지 균형을 회복하기 시작할 것이다.

맛있는 밥을 지으려면 물 양과 불의 세기를 잘 조절해야 하는 것처럼, 당신이 에너지를 느끼고 조절하는 감각을 개발하면 일상생활에서 보다 효율적으로 수승화강 상태를 회복하고 유지할 수 있다.

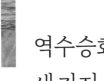

5장

역수승화강이 일어나는
세 가지 이유

오늘날 우리의 라이프스타일은 수승화강을 가로막는 상황을 끊임없이 만들어낸다. 첫째, 디지털 라이프스타일과 정보 과부하로 과열된 뇌가 식을 새가 없다. 둘째, 감정적인 스트레스의 누적으로 화기가 내려오는 길인 임맥이 막힌다. 셋째, 건강하지 않은 식습관과 만성적인 운동 부족으로 하단전이 약해진다. 역수승화강을 일으키는 이 세 가지 이유에 대해 좀 더 구체적으로 살펴보겠다.

뇌가 과열되어 지쳐 있다

우리들 대부분은 뇌가 열받기에 딱 좋은 생활을 하고 있다. 머릿속은 생각이 멈추질 않고, 몸은 잘 움직이지 않으며, 두 눈은 TV나 컴퓨터·휴대폰 화면에 고정되어 있다. 책상 앞에 앉아서 일하는 정신 노동자들뿐만 아니라 대부분의 사람들이 하루 종일 휴대폰을 끼고 산다. 휴대폰으로 일하고, 소통하고, 쇼핑한다. 심지어 노는 것까지도 말이다.

2016년에 발표된 한 통계에 따르면, 우리는 휴대폰 화면을 하루 평균 2,600번 터치한다고 한다. 4년 전의 통계이니 지금은 훨씬 더 늘었을 것이다. 잠자는 시간을 제외하면 거의 하루 종일 컴퓨터 아니면 휴대폰을 붙들고 있기 때문에 뇌는 끊임없는 정보처리를 위해 쉼 없이 일할 수밖에 없다.

컴퓨터를 장시간 쉬지 않고 사용하면 과열되어 버벅거린다. 반응 속도가 느려져 작업 능률은 떨어지고 심하면 고장을 일으키기도 한다. 뇌도 마찬가지이다. 정신노동을 많이 하고 스트레스를 받으면 뇌는 많은 에너지를 소모하게 된다. 당연히 뇌가 과열되어 역수승화강 현상이 일어난다. 눈이 뻑뻑하고, 머리가 뜨거워지고, 목 주변이 굳고, 어깨가 결린다. 집중력도 떨어져서 업무 능률도 오르지 않는다.

컴퓨터가 열받아 버벅거릴 때는 전원을 꺼서 컴퓨터의 열을 식히는 게 상책이다. 짜증을 내며 이 화면을 열었다 저 화면을 열었다 하면서 한꺼번에 많은 파일을 작동시키려고 하면 컴퓨터는 멈춘다. 우리 뇌도 마찬가지이다. 과열되었을 때는 쉬어줘야 한다.

그러나 우리는 뇌에 휴식이 필요할 때조차도 뇌를 가만히 놔두지 않는다. 일 때문에 스트레스를 받거나 머리가 복잡해서 잠깐 휴식시간을 갖고 싶을 때, 어떻게 머리를 식히는가? 가장 흔한 방법이 카페인이 든 커피나 에너지 드링크를 마시는 것이다. 일시적으로 각성 효과를 주지만 카페인이 누적되면 오히려 뇌에 더 큰 스트레스를 준다. 동시에 우리는 휴대폰에 손을 뻗는다. 페이스북이나 인스타그램을 훑어보고, 유튜브 영상을 보거나 게임을 한다. 우리 뇌는 그런 순간에도 특정 정보에 노출되어 일을 할 수밖에 없다. 이런 모든 활동들이 뇌의 에너지를 소모시키고 뇌를 열받게 한다.

퇴근 후 집에 돌아와서는 피곤하다면서도 충분한 수면을 취하며 푹 쉬어주기보다는 밤 늦게까지 TV를 보거나 게임을 할 때가 많다. 하루 종일 열심히 일한 뇌에게 또 일을 시킨다. 우리의 라이프스타일 자체가 뇌가 열을 내리고 피로를 해소할 시간을 빼앗는 것이다. 뇌가 열받고 피로에 찌든 상태가 지속되면 쉬어도 쉰 것 같지가 않고, 아무것도 안 하고 있을 때조차 피곤하게 느껴진다.

게다가 각종 디지털 전자기기에서 나오는 전자파가 끊임없이 눈으로 들어오니 화기가 뇌로 몰릴 수밖에 없다. 이런 이유로 우리 뇌는 마치 방전된 배터리처럼 스트레스 저항력이 떨어져서 조그만 자극에도 금방 열이 오른다. 역수승화강 상태가 마치 기본값인 것처럼 변해가고 있다.

뇌에 과도한 열이 몰리면 우리 몸은 휴식이 필요하다는 신호를 보낸다. 눈이 피로하거나, 머리가 무겁거나, 어깨가 뻐근하거나, 지루하다고 느끼는 것이 그런 신호이다. 푹 잤는데도 피곤하고 일에 대한 집중도가 떨어질 때는 뇌를 충분히 쉬게 해서 화기를 내려줘야 한다. 그 신호를 알아차리지 못하고 계속 가동하면 결국 번아웃burnout이 된다.

번아웃은 과도한 스트레스로 감성 에너지가 완전히 고갈되어버린 뇌의 심각한 피로 증상, 정신적인 탈진이다. 무리해서 운동하면 근육과 관절에 통증이 생기듯 뇌도 과도하게 사용해 피로가 가중되면 결국 그로기 상태가 된다.

화를 자주 낸다든지 우울이나 불안에 자주 빠지는 증상도 사실은 뇌가 과열을 감지하고 위험 신호를 보내는 것이다. 이 신호를 무시하고 휴식을 취하지 않으면 번아웃 상태가 더욱 악화되어 살아가야 할 의미조차 느끼지 못하는 무기력한 상태에 빠지게 된다.

몸을 많이 써서 피곤한 경우는 잠을 잘 자고 푹 쉬어주면 쉽게 피로가 풀린다. 그러나 머리를 많이 써서 생긴 정신적인 피로는 몸을 쉬어준다고 해서 쉽게 해소되지 않는다. 그렇다면 어떻게 해야 뇌의 피로를 잘 풀 수 있을까? 뇌를 가장 열나게 하는 두 가지 요소, 외부에서 들어오는 정보의 자극과 내부에서 끊임없이 만들어내는 생각을 끊는 것이다. 이렇게 해야 뇌의 피로를 제대로 풀 수 있다.

음식을 너무 많이 먹어서 배가 아플 때는 가장 먼저 먹기를 중단해야 한다. 소화제를 먹는 것은 그 다음이다. 뇌도 마찬가지이다. 정보의 과부하로 피로하고 과열된 뇌에게 줄 수 있는 가장 큰 휴식은 일체의 정신활동을 중단하는 것이다.

뇌과학자들은 우리가 아무 생각을 하지 않고 휴식을 취할 때 오히려 활성화하는 뇌의 특정 부위가 있다는 것을 발견했다. 휴식 상태에서 활성화하는 뇌의 이 부위를 '디폴트 모드 네트워크^{default mode}network(DMN)'라 부른다. 마치 컴퓨터를 초기화하면 초기 설정으로 돌아가는 것처럼, 우리가 정신활동을 멈추고 휴식을 취할 때 뇌의 이 부위가 활성화한다고 한다.

디폴트 모드 네트워크는 하루 일과 중에서 잠을 자는 동안이나 몽상에 빠져 있을 때, 멍때릴 때처럼 외부 자극이 없을 때 활발하게 활동한다. 생각하지 않고 쉬면 디폴트 모드 네트워크가 활성화하면서 뇌가 초기화되어 더 효율적이고 창조적으로 일할 수 있다. 우리가 일상적인 정신활동을 쉬는 동안 뇌가 스스로를 재정비하여 새로운 활동을 하기에 좋은 환경으로 만드는 것이다.

뇌를 적절하게 쉬어주면서 충전해야 창조성이 더 잘 발휘된다. 밤새도록 고민하면서 머리를 쥐어짠다고 좋은 아이디어나 영감이 떠오르던가? 아니다. 밤새 열받은 뇌가 우리에게 돌려주는 것은 충혈된 눈과 숭숭 빠진 머리카락, 거친 피부와 다크서클뿐이다. 오히려 푹 자고 일어나서 샤워할 때나 따스한 햇살을 받으면서 산책할 때 좋은 아이디어가 떠오른다. 아르키메데스는 목욕을 하다가, 뉴턴은 사과나무 밑에서 쉬다가 영감을 얻었다.

수승화강이 되어 뇌가 시원해지면 상단전의 에너지는 밝아진다. 마치 캄캄한 방에 불이 켜지면 사물이 훤하게 보이듯, 상단전의 에너지가 밝아져 상황을 정확하게 보고 옳은 판단을 할 수 있으니 지혜와 영감이 나오는 것이다. 그러나 뇌가 열을 받으면 상단전은 어두워진다. 컴컴한 방 안에서는 사물을 분간하기 어려운 것처럼, 이때는 뇌의 빛이 약해져 사리 분별력이 떨어진다. 상단전이 활성화해 밝은 지혜를 낼 수 있으려면 과열된 뇌를 식혀야 한다.

당신은 뇌에 충분한 휴식을 주고 있는가? 혹시 뇌가 과열된 역수승화강 상태로 초기화되고 있지는 않은가? 뇌는 우리 몸을 관장하는 사령관이다. 뇌가 과열되고 뇌의 피로가 풀리지 않으면 건강이 상하는 것은 물론 일이나 인간관계, 삶의 전 영역에 걸쳐 활동의 질이 떨어진다.

임맥이 막혀 가슴이 답답하다

수승화강이 잘 안 되는 두 번째 이유는 감정적인 스트레스로 화기가 내려오는 길인 임맥이 막혔기 때문이다. 임맥이 막히면 화기가 가슴에서 정체되어 아랫배로 내려오지 못한다. 화기가 가슴에 머무르니 가슴이 답답해질 수밖에 없다. 이때 머리를 너무 많이 쓰거나 스트레스 받는 일이 생기면 가슴의 화기가 아래로 내려가는 것이 아니라 위로 올라가 역수승화강 현상이 일어난다.

지금 내 임맥 상태는 어떤지 한번 확인해보자. 먼저 엄지손가락으로 이마를 지그시 눌러본다. 벽에 압정을 박듯이 엄지손가락에 힘을 주고 이마를 누른 후, 마사지 하듯이 두세 번 작은 원을 그리면서 돌린다. 이때의 압박감 정도를 기억한다.

이번에는 목 아래쪽에 움푹 들어간 곳의 밑, 흉곽의 상단부에서 시작하여 흉곽이 끝나는 검상돌기까지 몸의 중앙선을 따라 엄지손가락을 이용해 같은 방법으로 누르면서 내려간다. 이때의 느낌을 이마를 눌렀을 때와 비교해본다. 이마를 누를 때는 그냥 압박감만 느꼈을 것이다. 그런데 임맥을 누를 때는 어떤가? 압박감뿐만 아니라 통증이 느껴지는 곳이 있는가? 이마보다 확실히 아픈 부위가 있을 것이다. 그곳이 막힌 곳이다. 임맥이 심하게 막힌 사람은 "아얏!" 하고 소리를 지를 만큼 통증을 느낀다.

임맥을 눌렀을 때 많이 아프다고 해서 놀라지 말자. 사실 성인의 열에 아홉은 임맥이 막혀 있다. 감정적인 스트레스 때문이다. 누구나 살면서 화가 나고 속상한 일들을 많이 겪는다. 그렇다고 그때마다 화를 내거나 누군가에게 하소연할 수는 없다. 그러다 보니 그저 화를 참고 삭이는 일이 일상이 되어버렸다. 자신의 감정 상태를 잘 파악해 힘든 감정을 쌓아두지 않고 그때그때 잘 해소하는 사람은 임맥의 에너지를 잘 관리하는 사람이다. 그런데 많은 사람들은 자신의 감정 상태에 둔할 뿐 아니라 자신의 감정을 잘 표현하지 않으며, 억울하고 화가 나는 일이 있어도 이를 해결하지 않고 마음속에 쌓아둔다.

자신을 힘들게 하는 분노, 걱정, 두려움, 슬픔, 수치심, 죄책감, 피해의식 같은 부정적인 정서들을 해소하지 않고 지속적으로 쌓아두면 가슴이 막힌다. 화기가 내려오는 길인 임맥의 한가운데가 막히니 당연히 화기가 아랫배로 내려올 수 없다.

임맥이 막혔을 때 나타나는 흔한 증상은 가슴이 답답하고 숨 쉬기가 힘들어진다. 숨이 짧고 거칠며 가슴에서 턱턱 막히는 느낌이 든다. 가슴이 마구 두근거리거나 자기도 모르게 한숨을 푹푹 내쉬기도 한다. 숨을 깊이 들이마시지 못하니 에너지와 산소가 몸 구석구석으로 순환되지 않아서 기력이 달린다. 그래서 조금만 신경을 써도 쉽게 피로해진다. 또 임맥이 막히면 가슴을 활짝 펴지 못하고, 몸을 습관적으로 웅크려 어깨가 굳고 등도 구부정해진다.

감정을 연구하는 학자들에 따르면 감정은 진화의 과정에서 다 이유가 있어서 발달했다고 한다. 예를 들어, 두려움은 위험한 상황에서 자신을 보호하기 위한 생존 반응이다. 집에 불이 났는데도 두려움을 느끼지 않는다면 몸을 피하려는 생각도 못 할 테니 말이다. 감정은 우리의 생존과 직결되어 있기 때문에 이성보다 빠르게 작동한다. 어떤 상황에 처하면 우리가 채 인지하기도 전에 반사적으로 감정이 올라온다. 자연스러운 생리적 반응인 감정을 일부러 꾹꾹 누르고, 참고, 억제하는 것은 건강에 도움이 되지 않는다.

하지만 우리를 위험으로부터 지키기 위해 만들어진 몸의 스트레스 반응이 과도하게 지속되면 건강을 망치고 삶의 질을 떨어뜨려 우리를 무섭게 위협한다. 감정도 마찬가지이다. 특히 분노나 두려움 같은 부정적인 감정들은 대부분 스트레스 상황에서 교감신경이 활성화할 때 나타나기 때문에 이런 감정들에 너무 자주, 장시간 노출되면 에너지가 과다하게 소모된다. 인간관계에도 지나친 긴장을 가져온다. 그래서 자신의 감정을 적절하게 조절하고 절제하는 훈련이 반드시 필요하다.

여러 감정 중에서도 분노는 임맥을 막는 가장 파괴적인 에너지이다. 화가 몸 안에서 끓어오르면 호흡과 심장박동이 빨라지고 혈압이 올라간다. 숨을 씩씩대고, 심장은 쿵쾅쿵쾅 뛰기 시작하고, 얼굴이 발개지고, 심하면 온몸이 부들부들 떨린다.

'화'라는 감정 에너지가 얼마나 강력한 생리적 반응을 일으키는지는 내가 화가 났을 때는 물론이고, 화가 난 사람 곁에 있을 때도 느낄 수 있다. 분노하는 사람의 몸에서 나온 화기가 그대로 전해져 내 심장이 불규칙하게 뛰고, 내 얼굴에도 열이 오르며, 괜히 나까지 긴장되고 떨린다.

"아, 진짜 생각할수록 열받아!" 우리는 이런 말을 참 많이 하는데, 열받았을 때 열받은 일에 대해서 생각하는 것은 좋은 대응이 아니다. 예를 들어, 직장 동료가 당신을 무시하는 발언을 해서 화가 났다고 하자. 그 일에 대해서 생각할수록 사실 더 화가 난다. 이번 일뿐만 아니라 몇 달 전, 몇 년 전의 일까지 떠오르며 화가 증폭되기도 한다. 감정에 집중할수록 그 감정이 부정적인 생각으로 이어지고, 부정적인 생각은 다시 부정적인 감정을 만들어내는 악순환이 반복된다. 그러나 아무리 강력한 감정이라 해도 몇 분만 지나면 그 강도가 줄어들기 마련이다. 그런데 계속 그 감정에 집중하고 생각하면 약해졌던 감정의 불꽃이 다시 타오른다. 부정적인 감정이 힘들어서 벗어나고 싶다고 하면서도 그 감정에 계속 기름을 붓는 셈이다.

감정은 매우 강력한 에너지이며, 몸과 마음에 직접적인 영향을 끼친다. 이렇게 강력한 감정 에너지들이 해소되지 않은 채 가슴에 쌓이면 임맥을 막고 화병으로 이어진다. 부정적인 감정에 빠져서 힘들 때는 그 감정을 붙들고 싸워봤자 백전백패이다. 그럴 때는 막힌 임맥을 뚫어서 감정이 만들어내는 에너지를 풀어주는 것이 효과적이다.

하단전과 하체의 힘이 약하다

수승화강의 흐름이 깨지는 세 번째 이유는 하단전이 약하기 때문이다. 수승화강의 에너지 순환에서 하단전은 화기를 아랫배에 붙잡아 두는 닻과 같고, 아랫배를 뜨겁게 데우는 용광로 같은 역할을 한다. 닻이 제 역할을 하지 못하면 배가 한 자리에 머물지 못하고 이리저리 떠내려가듯, 하단전이 약하면 아랫배에 머물러야 할 화기가 위로 올라간다. 또 용광로가 식으면 제 역할을 못 하는 것처럼 하단전이 차가워지면 수승화강의 선순환에 장애가 생긴다.

하단전이 약하고 차가워지는 데에는 여러 이유가 있겠지만 가장 큰 이유는 나쁜 식습관과 운동 부족이다. 건강에 나쁘다는 것을 알면서도 계속 반복하는 식습관들이 있다. 패스트푸드를 먹으면 우리 몸에 나쁜 지방이 쌓인다. 정제 밀가루나 설탕이 열량은 높지만 영양가는 없어서 우리를 살찌게 한다. 채소를 적게 먹고, 짜거나 맵게 먹고, 급하게 먹고, 과식이나 폭식을 자주 하면 소화기관뿐만 아니라 몸의 모든 장기가 그 부담을 떠안게 된다. 또 여름이고 겨울이고 차가운 음식을 좋아하는 습관, 특히 한겨울에도 찬물이나 얼음이 든 음료수를 마시는 습관은 아랫배를 차게 한다. 커피의 카페인이나 이뇨작용이 강한 음료, 술도 우리 몸을 차게 만든다.

하루 종일 의자에 앉아서 컴퓨터 화면을 쳐다보며 생활하고 몸을 잘 움직이지 않는 사람치고 하단전의 에너지가 충만한 사람은 거의 없다. 이런 생활습관은 자세를 구부정하게 하고, 혈액이 장에 고이게 하고, 장을 굳게 한다. 특히 복부에 지방이 쌓여 복부비만이 되면 혈액순환이 나빠져 배는 더 차가워진다. 이쯤 되면 소화기관뿐만 아니라 신장이나 방광 등의 기능도 떨어져 노폐물도 잘 배출되지 않는다.

하단전이 위치한 복부에는 체내 혈액의 3분의 1이 모여 있다. 하단전이 발달하면 아랫배에 인공심장을 하나 더 단 것이나 마찬가지이다. 아랫배가 따뜻하면 장내의 혈액순환이 좋아져 몸의 말단인 손끝 발끝까지 순환이 잘 된다. 뇌에 신선한 혈액이 공급되어 머리가 맑아지고 집중력이 좋아진다.

에너지 시스템에서 하단전은 가장 중요한 주춧돌이다. 그래서 수승화강이 되지 않을 때는 가장 먼저 하단전을 강화해야 한다. 하단전에 에너지가 충만하고 뜨겁게 활성화하면 머리는 저절로 시원해진다.

이때 우리 몸을 지탱해주는 코어근육을 튼튼하게 해주는 것도 중요하다. 코어근육이라고 하면 흔히 복근만을 떠올리는데 등과 허리, 엉덩이, 골반 근육도 포함한다. 여기에 허벅지 근육을 함께 강화해주면 좋다. 코어근육이 튼튼해야 자세도 균형이 잡히고 내부 장기도 보호된다. 그런데 운동 부족으로 배가 나오고, 자세가 구부정해지고, 몸에 지방이 많아지면 근육도 약해지고 아랫배의 복압도 약해진다. 그 결과 노폐물이 쌓이고, 몸에 염증이 잘 생기고, 혈액이 심장으로 돌아가는 힘도 약해진다. 복부 근육이 부실해 복강 내의 압력이 약해지면 머리의 열도 잘 내려가지 않는다. 코어근육이 발달할 때 호흡이 아랫배까지 내려가 하단전의 에너지를 더 활성화할 수 있다.

기의 흐름이 거꾸로 뒤집혀 생긴 증상들을 바로잡는 길은 수승화강의 순환이 원활해지도록 회복하는 것이다. 다시 말해 수승화강을 방해하는 것들을 바로잡아주면 된다. 생각을 줄여서 과열된 뇌를 식히고, 중단전의 감정 에너지를 해소해서 막힌 임맥을 뚫고, 하단전을 강화해서 아랫배를 따뜻하게 하는 것이다.

6장

에너지 균형을
회복하기 위한 네 가지 도구

어떻게 하면 우리 몸의 역수승화강 현상을 바로잡아 머리는 시원하고 아랫배는 따뜻한 수승화강을 이룰 수 있을까? 네 가지 방법이 있는데 바로 '호흡, 명상, 운동, 관찰'이다. 이 네 가지를 활용하여 우리 몸의 에너지 정체를 바로잡고 에너지의 흐름을 변화시킬 수 있다.

호흡

호흡은 수승화강의 상태로 만들어주는 가장 기본적이면서도 가장 강력한 방법이다. 호흡 자체가 우리 몸으로 에너지를 들여오고 내보내는 생명 활동이기 때문이다. 우리는 들숨을 통해 우리 몸에 신선한 에너지를 들이고, 날숨을 통해 탁한 에너지를 내보낸다.

에너지는 눈에 보이지도 않고 만져지지도 않는다. 숨 또한 마찬가지이다. 그러나 우리는 숨을 들이쉴 때 공기가 코로 들어와 기도를 타고 폐로 들어가서 횡격막을 부풀리는 공기의 흐름을 느낄 수 있다. 뿐만 아니라 숨을 조절할 수도 있다. 우리가 호흡을 구체적인 감각으로 느낄 수 있고 조절할 수 있다는 것은 매우 중요하다. 호흡을 이용해 다른 많은 것을 조절할 수 있기 때문이다.

다음 상황을 가정해보자. 입사를 간절히 원했던 회사에 면접을 보러 가는 중이다. 그런데 예상치 않은 추돌사고로 교통체증이 생겨 도로 한가운데에서 옴짝달싹 못 하고 있다. 약속 시간이 20분밖에 남지 않았는데 도로 사정은 나아질 기미가 보이지 않는다. 이러다가는 면접에 늦을 것 같다. 이런 상황이라면 누구나 불안하고 초조해진다. 에너지의 흐름이 뒤집히기 시작해 스트레스 반응이 일어난다. 호흡이 빨라지고, 심장이 쿵쾅거리고, 혈압이 올라가고, 소화액의 분비가 줄어든다. 이러한 작용들은 우리 몸에서 자율신경을 통해서 자동으로 일어나기 때문에 의도적으로 조절할 수가 없다. 우리 마음대로 심장을 천천히 뛰게 하거나, 혈압을 낮추거나, 소화액을 더 많이 만들 수 없다는 말이다. 그런데 유일하게 딱 하나 조절할 수 있는 것이 있다. 바로 호흡이다. 빨라지는 호흡을 느리게 할 수는 있다.

이런 순간에 '후~' 하고 숨을 서너 번 길게 내쉬면 어떤 일이 일어날까? 심장박동이 조금씩 느려지면서 혈압이 내려간다. 이처럼 우리는 호흡을 조절함으로써 몸의 다른 활력 징후에 영향을 줄 수 있다.

호흡을 통해서 조절할 수 있는 것은 단지 몸의 생리적인 기능만이 아니다. 생각과 감정도 조절할 수 있다. 앞의 상황에서라면 누구나 초조해지고 별별 생각이 다 일어날 것이다. '아, 오늘 면접은 물 건너갔구나!'에서부터 '나는 왜 하는 일마다 이 모양이지!'까지. 그런데 그때 천천히 깊게 호흡을 하면 복잡하던 생각이 줄어들고 요동치던 마음도 진정된다. 어쩌면 차분하게 면접관에게 전화를 걸어 자초지종을 설명하고 면접 시간을 조정할 수도 있을 것이다.

우리는 호흡을 통해 에너지를 움직이고 조절할 수 있다. 호흡은 수승화강 상태를 회복하는 가장 중요한 방법이다. 호흡으로 수승화강 상태를 회복하기 위해서는 '호흡의 질'에 대해 이해할 필요가 있다.

우리는 늘 같은 호흡을 하고 있는 것 같지만 사실은 그렇지 않다. 호흡은 생각과 감정에 따라서도 변하고, 나이나 건강 상태에 따라서도 변한다. 화가 나면 씩씩거리고 슬플 때는 긴 한숨을 내쉰다. 어렸을 때는 호흡의 중심점이 아랫배에 가깝고 나이가 들수록 위로 올라간다. 어린아이들은 배를 부드럽게 볼록거리며 복식호흡을 한다. 자라면서 점차 가슴을 움직이는 흉식호흡으로 바뀐다. 그러다가 늙거나 병이 들어 죽음에 가까워지면 깔딱깔딱 목으로 숨을 쉰다. 호흡의 중심이 몸의 위쪽으로 올라갈수록 호흡의 깊이가 얕아지고 질이 낮아진다.

질 좋은 호흡은 아랫배까지 숨을 천천히 깊숙이 들이마시고 내쉬는 것이다. 복식호흡은 횡격막이 위아래로 움직이는 폭을 넓혀서 흉강을 넓혀주기 때문에 폐로 산소를 최대한 많이 들이마시고 이산화탄소를 더 효율적으로 배출시킨다. 위아래로는 횡격막의 움직임이 활발해지고, 앞뒤로는 복근을 계속 움직이기 때문에 흉강과 복강의 장기들을 마사지해주는 효과도 있다. 장의 연동운동이 좋아져 소화와 배설에도 도움이 된다. 또한 복강에 분포해 있는 부교감신경인 미주신경을 자극해서 근육을 이완하고 말초혈관을 넓혀서 전신에 혈액 공급을 원활하게 한다.

우리는 호흡을 통해 아랫배에 단단한 에너지 중심을 만들 수 있다. 이 에너지 중심에 집중하며 한 호흡 한 호흡 정성스럽게 들이쉬고 내쉬면 아랫배가 뜨거워지고, 이 뜨거워진 기운이 신장의 수기를 위로 밀어 올려 머리를 시원하게 한다. 복식호흡이 자연스러워지면 하단전이 뜨거워져 아랫배 중심에서부터 기분 좋은 열감이 복부 전체와 허리까지 번지듯이 퍼져나가는 것을 느낄 수 있다. 이때 수승화강이 저절로 이루어지고 우리 몸의 모든 생명현상이 활성화한다.

그런데 문제는 복식호흡을 많은 사람들이 어려워 한다는 것이다. 대부분의 현대인들이 감정적인 스트레스로 임맥이 막혀 있기 때문에 복식호흡을 하려고 해도 잘 되지 않는다. 이완되지 않은 상태에서 아랫배로 호흡하려고 하면 오히려 가슴이 더 답답해지고 화기가 역상하는 경우가 많다. 이런 사람들을 위해서 개발한 것이 뒤에서 소개할 중완호흡이다. 중완호흡은 막힌 임맥을 뚫어서 가슴에 쌓인 감정 에너지를 풀어주고, 몸을 이완하여 호흡을 깊게 해준다. 그래서 중완

호흡을 충분히 하고 난 뒤에 복식호흡을 하면 좋다.

호흡의 장점 중 하나는 언제 어디서나 할 수 있다는 것이다. 일하면서도 밥을 먹으면서도 회의를 하면서도 할 수 있다. 숨은 그냥 둬도 저절로 쉬어지지만, 숨을 의식적으로 깊고 천천히 고르게 쉬면 수승화강 상태로 만들어주는 강력한 도구가 된다.

명상

한때 많은 사람들이 명상이라고 하면 깊은 산속에 있는 절이나 수도원 혹은 오지의 동굴에서 몇 시간이고 미동 없이 앉아 있는 것이라고 생각했다. 지금은 사무실 책상 앞에 앉아서 휴대폰에 깔린 애플리케이션으로도 할 수 있을 만큼 대중화되었다. 명상이 소수의 특별한 사람들의 전유물이 아닌, 많은 사람들이 하고 싶어 하는 트렌드가 되었다는 것은 참으로 반가운 일이다.

일상생활을 하는 동안 우리의 의식은 바깥으로 향할 수밖에 없고, 머릿속은 온갖 복잡한 생각들로 가득하다. 그런데 명상은 외부에 집중되어 있던 의식을 내부로 돌려 지금 이 순간의 자기 자신을 느끼게 한다.

앞에서 과열된 뇌를 위한 진정한 휴식은 생각을 끊는 것이라고 했다. 그런데 생각을 끊는다는 것은 여간 어려운 일이 아니다. 지금 눈을 감고 잠시 아무 생각도 하지 않으려고 해보자. 잘 되는가? 생각을 하지 않으려고 의식하는 순간, 더 많은 생각이 일어날 것이다. 그래서 우리에게는 끊임없이 생각을 만들어내고 이 생각에서 저 생각으로 널을 뛰는 우리 마음을 닻처럼 잡아줄 어떤 것이 필요하다.

호기심이 많은 네 살배기 아이에게는 모든 것이 신기하기만 하다. 눈에 보이는 것은 다 만져보고, 입에 넣어보고, 손에 잡히는 것은 다 던지고, 식탁 위에 있는 것은 다 밀어서 떨어뜨리려 한다. 또 엄마나 아빠가 가는 곳마다 졸졸 따라다닌다. 그럴 때 아이를 가만히 있게 하려면 어떻게 하는가? 아이가 좋아하는 장난감을 손에 쥐여주거나 동영상을 틀어준다.

우리에게도 마음을 붙들어줄 닻이 필요하다. 하지만 그 닻은 장난감이나 동영상이 아닌 우리 내부에 있는 어떤 것이어야 한다. 우리가 닻으로 쓸 수 있는 가장 좋은 도구는 바로 우리 몸이다. 조용히 눈을 감고 몸에 집중해 자신의 호흡을 느끼고, 몸에서 느껴지는 에너지의 감각을 느끼고, 체온을 느끼는 것이다. 그렇게 자신의 몸에서 일어나는 생명현상을 느낄 때 우리 마음은 과거나 미래에 있지 않고 지금 이 순간, 여기에 머물게 된다. 이것이 생각을 잠재우는 가장 좋은 방법이다.

그렇게 가만히 당신의 몸이 일으키는 생명현상에 집중하다 보면 생명현상이 더욱 왕성해지는 것을 느낄 수 있다. 온몸 구석구석까지 혈액과 에너지가 잘 흘러 막힌 것이 뚫리고, 탁한 것이 맑아지고, 복잡한 것이 정리된다. 점차 생각이 줄어들고 마음이 고요해진다. 머리는 시원하고 배는 따뜻한 수승화강 상태가 된다.

이처럼 마음이 고요해지면 닻으로 삼았던 것을 들어 올려도 마음이 동요하지 않는다. 나중에는 그 닻조차 사라진다. 처음에는 자신의 에너지를 느끼고, 호흡을 느끼고, 몸에서 느껴지는 여러 감각을 느끼지만 나중에는 당신 자신과 당신이 느끼는 것이 완전히 하나가 된다. 당신이 에너지 자체가 되고 호흡 자체가 된다. 그 순간 우리는 자기 자신과의 완전한 일체감을 느낄 수 있다. 이때가 생각이 완전히 끊기고 마음이 텅 빈 무념무상의 상태, 진정한 명상 상태이다.

운동

가만히 눈 감고 앉아서 명상하거나 호흡하는 것보다 동적인 방법으로 수승화강 상태를 회복할 수도 있다. 몸을 움직이는 것, 특히 관절을 움직이고 근육을 단련하는 운동은 에너지를 바꾸는 데에 아주 효과적이다. 그래서 고요히 앉아서 몸에 집중하는 것 못지않게 적극적으로 몸을 움직이는 신체 활동과 운동을 중요하게 여긴다. 내 경우, 수승화강을 위해 명상과 호흡에 집중하는 시간이 30%라면, 나머지 70%는 몸을 움직이는 운동에 할애한다.

적당한 운동이 건강에 좋다는 것은 누구나 잘 알고 있다. 운동이 우리 건강에 미치는 긍정적인 영향은 이루 헤아릴 수 없이 많다. 규칙적인 운동은 뼈와 관절, 근육을 튼튼하게 하고 일상생활을 활기차게 하는 데에 필수적인 기초체력(근력, 폐활량, 균형감각, 순발력, 유연성 등)을 길러준다. 또 적정 체중을 유지하게 해주고, 심장과 혈관을 튼튼하게 해서 심혈관계 질환을 예방해준다.

운동은 뇌에도 좋다. 뇌의 혈류를 증가시켜서 기억력과 학습능력이 향상되고 집중력도 좋아진다. 또 행복감을 주는 세로토닌, 도파민 등의 호르몬을 분비시켜서 우울감이나 불안을 감소시킨다. 운동은 뇌에 산소를 공급해 피로감과 무력감을 줄여주고 저녁에는 질 좋은 수면을 취할 수 있도록 도와준다.

몸을 움직이는 것은 뇌에 휴식을 주는 매우 효과적인 방법이다. 부정적인 생각의 고리가 끊이지 않을 때나 감정적인 에너지로 가슴이 답답할 때, 우리가 가장 쉽게 할 수 있는 것이 몸을 움직이는 것이다. 명상이나 호흡보다 더 쉽다. 스트레스로 머리에 열이 차고 가슴이 답답할 때는 운동화 끈을 질끈 동여매고 동네를 한 바퀴 뛰거나 근육을 단련해보자. 땀을 흠뻑 흘리고 나면 온몸이 상쾌하고 가슴이 뻥 뚫리는 것을 느낄 수 있다. 몸을 쓰는 운동이 우리 몸에 정체된 에너지의 흐름을 활성화해주기 때문이다.

수승화강에 특히 효과적인 운동들은 다음과 같다. 첫째는 우리 몸의 특정한 에너지 포인트를 찾아 두드려주는 것이다. 막혀 있는 혈을 열어 에너지가 경락을 따라 잘 흐르도록 하는 데에 효과가 있다. 둘째는 근육을 부드럽게 늘여주는 스트레칭 동작들이다. 특히 몸을 비틀어주고 짜주는 동작은 몸의 말단 부위까지 혈액순환이 잘 되게 도와준다. 셋째는 근육을 단련하는 운동, 특히 코어근육과 하체를 단련하는 운동이다.

수승화강이 잘 되려면 복부와 하체가 따뜻해야 한다. 근육은 우리 몸에서 열을 만드는 공장이다. 체열의 40% 이상이 근육에서 만들어진다. 근육을 단련하는 운동을 하면 근육이 수축과 이완을 반복하면서 열을 낸다. 심장에서 만들어진 따뜻한 혈액은 근육의 움직임을 통해 전신으로 퍼져나간다. 코어근육을 단련하면 자세가 바로잡히고 아랫배에 복압이 형성되어 기혈순환이 보다 원활해진다. 허벅지 근육은 우리 몸 전체 근육량의 30%나 차지한다. 하체 근육을 단련하면 기초대사량도 높아져서 체중 관리에도 도움이 된다.

명상을 하려고 앉아 있으면 졸리고 잡념만 더 생긴다는 사람들에게는 기초체력을, 특히 하체를 단련하는 운동을 많이 하라고 조언한다. 운동이 하단전을 강화하여 에너지를 안정시키기 때문이다.

크게 걱정되고 고민되는 일이 있을 때는 조용히 앉아서 호흡을 고르고 명상을 할 마음의 여유조차 내기 어려울 때가 많다. 그럴 때는 몸을 움직이자. 계속 걱정만 하다보면 에너지가 소진되고 무기력해져서 걱정에서 빠져나오기가 더 힘들어진다. 몸을 움직이면 마음이 안정되고 뇌 활동도 활발해져서 어려운 상황을 헤쳐 나갈 수 있는 방법을 스스로 찾을 수 있게 된다.

관찰

호흡, 명상, 운동은 모두 에너지를 움직이고 에너지의 상태를 바꾸는 방법들이다. 우리는 이런 방법을 잘 활용해서 가장 안정되고 건강한 에너지의 상태, 수승화강 상태를 만들 수 있다. 에너지가 정상적인 흐름을 회복하면 마음도 따라서 안정된다. 이렇게 에너지를 바꾸어가다 보면 체험을 통해 알게 되는 것이 있다. 에너지가 마음을 바꾸는 것처럼 '마음이 에너지를 바꾼다'는 사실이다. 그리고 수승화강 상태를 유지하기 위한 가장 궁극적인 도구가 바로 '마음'이라는 것을 알게 된다.

플라세보 효과라고 들어봤을 것이다. 약효가 전혀 없는 가짜 약을 진짜 약이라고 믿고 먹으면 정말로 약효가 나타나는 현상을 말한다. 좋아질 것이라고 생각하는 환자의 믿음, 자기 암시가 암과 같은 중병을 치유하기도 한다. 플라세보 효과는 우리 몸이 정보의 사실 여부를 떠나 믿는 대로 반응한다는 것을 보여준다.

하버드 의과대학 신경과학자들이 실시한 한 실험에 따르면, 실제로 피아노를 치지 않고 일주일 동안 피아노를 치는 상상만 했는데도 손가락의 움직임을 통제하는 뇌 부위가 커졌다고 한다. 단지 상상하는 것만으로도 뇌의 물리적인 구조가 바뀐다는 것이다.

지금 이 순간에도 우리 뇌와 마음속에서는 수많은 생각과 감정들이 일어나고 있다. 그 생각과 감정들은 우리 몸에 다양한 생리적, 화학적 반응을 일으킨다. 기쁘고 행복한 생각을 하면 몸에 좋은 호르몬이 분비되고, 부정적인 감정에 너무 오래 머물러 있으면 몸에 해로운 호르몬이 분비된다. 고요한 호수에 새끼손톱보다도 작은 날벌레 한 마리가 스쳐 지나가기만 해도 파문이 일듯이, 모든 생각과 감정은 에너지의 변화를 일으킨다. 그래서 생각과 감정을 다스리지 않으면 수승화강 상태를 유지하기가 어렵다.

생각과 감정을 잘 다스릴 수 있으려면 마음이 과거나 미래로 가지 않고 지금 현재 일어나고 있는 것을 분별이나 집착 없이 고요히 지켜볼 수 있어야 한다.

마음속에서 일어나는 생각이나 감정을 변화시키거나 없애려 하지 않고, 그것을 좋다 싫다 평가하지 않고 있는 그대로 지켜보면 생각이나 감정은 차츰 잦아든다. 어느 것에도 집착하지 않고 자신 안에서 일어나는 여러 가지 생각과 감정들을 고요하게 지켜보는 마음은 모든 것을 치우침 없이 균형을 이루는 자연의 상태로 되돌려 놓는 힘이 있다. 명상의 핵심이기도 한 이 마음이 수승화강을 만들어낸다.

생각이나 감정이 일어날 때 그것에 빠지지 않고 관찰하는 연습을 해보자. 누군가에게 화나는 마음이 올라오면, '내가 지금 누군가에게 화가 나 있구나' 하고 바라보는 것이다. 오늘 회사에서 저지른 실수 때문에 수치심이나 자기혐오가 일거든 '지금 나를 싫어하는 마음이 올라오고 있구나' 하고 바라보자. 잔잔한 호수가 시시각각으로 변하는 하늘의 구름을 있는 그대로 비추듯이 그렇게 우리 마음 위에 나타나는 현상들을 지켜보는 것이다.

그렇게 하다보면 나 자신과 내 생각이나 감정 사이에 틈이 생긴다. 딱 붙어서 절대 떨어지지 않을 것 같던 둘 사이에 공간이 생긴다. 그때 생각과 감정, 상황을 나 자신과 동일시하지 않고 객관화할 수 있게 된다. 내 생각이나 감정이 내가 아니라 내 마음에서 일어나는 현상이라는 것을 자각하게 된다. 이 상태에서는 생각과 감정에 끌려서 선택하거나 행동하지 않고 보다 사려 깊은 선택을 할 수 있다. 방석을 깔고 앉은 채로 방석을 옮기기는 쉽지 않다. 물론 엉덩이로 밀어서 옮길 수도 있지만, 일어나서 방석을 들고 옮기면 훨씬 쉽고 정확하고 우아하게 옮길 수 있다. 걱정이나 불안을 붙들고 있으면 좀처럼 벗어나기가 힘들지만, 한 발짝 떨어져서 바라보면 자연스럽게 놓아진다.

지금 여기서 일어나는 모든 것을 무심하게 지켜보는 연습을 해보자. 나중에는 마음을 어떤 특정한 생각이나 감정, 대상에 온전하게 집중하는 감각도 함께 길러진다. 생각이나 감정에 즉각적으로 반응하지 않고 차분한 마음으로 지켜봄으로써 그것이 사라지게 할 수도 있지만, 마음을 의식적으로 사용하여 생각이나 감정, 특정한 에너지를 창조하고 움직일 수도 있다.

욕심이나 두려움 없이 무심하고 투명하게 관찰하는 마음에는 에너지를 움직이는 강력한 힘이 있다. 이 마음으로 아랫배 단전에 집중하며 단전이 뜨거워지는 것을 상상하면 단전이 뜨거워진다. 이 마음으로 가슴에 집중하여 만물을 감싸 안는 부드럽고 친절하고 자비로운 에너지를 부르면, 가슴은 그러한 에너지로 가득 차오르게 된다. 이 마음을 뇌로 보내 뇌에 시원한 폭포수가 쏟아진다고 생각하면 머릿속이 시원해진다. 이 마음으로 자신이 정말로 이루고자 하는 어떤 일에 집중하면 엄청난 창조력과 추진력을 발휘할 수 있을 것이다.

우리는 평소에도 뭔가를 성취하고자 할 때 그 일을 이루고자 매우 집중한다. 그런데 그 집중에는 긴장이나 기대감, 잘하고 싶은 욕심, 일이 잘 안 될지도 모른다는 불안이나 걱정, 두려움 등이 섞여 있기 마련이다. 하지만 집착이나 분별없이 마음을 관찰하는 연습을 하다 보면 마음의 찌꺼기가 없는 아주 깨끗하고 단순한, 그래서 상상할 수 없을 정도로 강력한 집중을 할 수 있다.

집착이나 분별없이 만물과 만사를 있는 그대로 관찰하는 마음을 나는 '타오Tao의 마음'이라 부르고, 그러한 상태를 '타오의 눈'을 뜨고 있다고 표현한다. 타오의 마음은 모든 것을 균형과 조화의 상태로, 원래의 상태로, 생명의 순환을 가능하게 하는 수승화강의 상태로 되돌려 놓는 힘이 있다.

Part 2

수승화강 실천편

7장

수련을 시작하기 전에

수승화강에 대해 잘 안다고 해서 건강해지는 것은 아니다. 아는 것을 실천하느냐, 안 하느냐가 건강을 좌우한다. 우리가 정직하다는 단어의 뜻을 안다고 해서 정직한 것은 아니듯, 수승화강의 원리를 이해한다고 해서 저절로 수승화강이 되는 것은 아니다.

건강은 일상생활에서 건강을 유지하는 데에 도움이 되는 습관들을 기르는가, 그렇지 않은가에 달려 있다. 내가 건강에 대한 강의를 할 때 사람들은 크게 두 가지 반응을 보인다. "에이, 그거 모르는 사람이 어디 있어요?" "옳은 말씀이긴 한데, 그럴 시간이 없어요." 진심으로 건강한 삶을 원한다면 이 두 가지 핑계는 지금 바로 그만두어야 하지 않을까. 아느냐 모르느냐가 중요한 것이 아니다. 결국 아는 것을 실천해야 건강해질 수 있다.

이 책에 소개된 수련법을 모두 하려고 애쓸 필요는 없다. 자신에게 가장 도움이 되는 몇 가지를 매일 꾸준히 하는 것이 중요하다. 밥을 먹듯이, 세수하고 이를 닦듯이 자신의 건강과 행복을 위하여 수승화강을 생활화하기 바란다.

변화에 많은 시간은 필요치 않다

행복과 불행 사이의 거리는 얼마나 될까? 불행했다 다시 행복해지는 데에 시간은 얼마나 걸릴까? 대답하기 어렵다면 질문을 바꿔보자. 당신은 화나는 데에 시간이 얼마나 걸리는가? 금방이다. 기분이 좋아지는 것도 마찬가지이다. 우리 뇌와 마음의 작용이 그렇다.

행복도 불행도 일종의 에너지 현상이다. 자신이 불행하고 답답한 에너지 상태에 있다고 인지했다면, 그 상태에 계속 머물러 있을 것인지 에너지를 바꿔 행복을 창조할 것인지는 자신의 선택에 달려 있다. 누군가가 행복을 가져다주기를, 행복이 저절로 찾아와주기를 기다리는 것이 아니라 지금 당장 스스로를 행복하게 만들 수도 있다. 기분이 좋아지는 음악을 듣는다거나, 신선한 과일을 먹는다거나, 상쾌한 공기를 마시며 산책을 하는 등 즉각적인 행동으로 소소하지만 확실한 행복감을 맛볼 수 있다.

건강과 치유 또한 마찬가지이다. 건강하지 않은 에너지 상태를 건강한 에너지 상태로 바꾸는 데에 많은 시간이 걸리지 않는다. 행동하는 즉시 에너지는 달라지고 변화하기 시작한다. 물론 오래된 병이 완전히 치유되는 데에는 상당한 시간이 걸릴 수 있다.

지금 행동하면, 지금 변화한다. 이것이 에너지의 법칙이다. 이런 식으로 에너지를 바꾸어 가다보면 건강이 좋아질 수밖에 없다. 건강도 병도 모두 에너지 현상이기 때문이다. 몸이 찌뿌둥하다면, 가슴이 답답하고 기분이 안 좋다면 계속 그 상태에 머물러 있지 말자. 책에서 소개한 수승화강 상태로 만들어주는 여러 방법을 활용하여 즉시 에너지를 바꿔보자.

뇌와 몸을 연결하자

수승화강 상태로 만들어주는 운동을 할 때는 뇌와 몸을 연결하는 것이 중요하다. 우리 몸에서 어떤 변화가 느껴지는지 뇌가 인지하게 하는 것이다. 뇌가 자신의 컨디션을 들여다보도록 도와주고, 몸의 감각이 세밀하게 변하는 과정을 알아차리게 하자. 예를 들어, 다음과 같이 뇌가 몸의 상태와 감각의 변화를 알아차리게 하는 것이다.

"머리가 멍하니 맑지 않다."
"눈이 침침하고 뻑뻑하다."
"가슴이 꽉 막힌 것처럼 답답하다."
"어깨와 목이 뻣뻣하다."

"임맥을 누르니 통증이 느껴진다."

"아랫배와 다리에서 냉기가 느껴진다."

"아랫배를 두드리니 계속 트림이 난다."

"입에 침이 고이고 눈이 촉촉해진다."

"손발이 따뜻해지고 호흡이 편안해졌다."

"머리가 시원하고 맑아졌다."

우리 뇌는 몸이 불편하다고 인지하는 순간, 불편함을 해결하기 위해 적극적으로 노력하기 시작한다. 우리 뇌와 몸에 내재된 '자연치유력'은 이러한 뇌 작용에 따른 것이다. 자연치유력은 자연이 우리에게 준 축복이다. 그러니 뇌에게 '나는 건강을 원하고 내 몸의 상태에 관심을 갖고 있다'는 것을 알려주자. 뇌는 당신의 관심에 반드시 반응하게 되어 있다.

나는 지금 수승화강 상태일까?

우리 몸에서 수승화강이 잘 이루어지면 아랫배에 있는 에너지 센터인 하단전이 따뜻해지고 몸 전체에 활력이 충만해진다. 가슴에 있는 에너지 센터인 중단전이 열려 마음이 편안해지며, 머리에 있는 에너지 센터인 상단전이 맑고 시원해진다. 한마디로 '따뜻한 배, 열린 가슴, 시원한 머리'로 이상적인 에너지 상태가 된다. 수승화강의 에너지 균형이 깨지면 우리 몸의 에너지 센터도 안 좋아져 여러 가지 육체적, 감정적, 정신적 문제가 생긴다.

다음은 수승화강 상태를 점검해볼 수 있는 항목들이다. 이 중 몇 가지나 해당하는지 스스로 점검해보자.

☐ 머리가 무겁고 두통이 잦다.

☐ 눈이 자주 뻑뻑하고 침침하다.

☐ 입이나 목이 자주 마른다.

☐ 어깨가 딱딱하게 굳고 얼굴이나 목이 자주 뜨거워진다.

☐ 가슴이 답답하고 숨이 편하게 쉬어지지 않는다.

☐ 뱃속이 차다.

☐ 소화가 잘 안 되고 속이 더부룩하다.

☐ 손발이 차고 자주 저린다.

☐ 늘 피곤하고, 쉬어도 컨디션이 잘 회복되지 않는다.

☐ 관절들이 자주 아프고 굳어 있다.

☐ 밤에 잠들기가 어렵다.

☐ 쉽게 불안해지고 짜증이 난다.

☐ 한번 걱정을 시작하면 멈추기가 쉽지 않다.

☐ 억울하고 분한 감정을 자주 느낀다.

☐ 자신이 초라하게 느껴지고, 우울하다.

1~4개를 체크했다면 몸의 에너지가 비교적 순환이 잘 되고 균형이 잡혀 있는 상태이다. 하단전에 힘이 있고, 의욕적이며, 긍정적인 마음을 바탕으로 나름대로 건강하고 활기찬 삶을 유지하는 것으로 보인다. 하지만 방심은 금물이다. 건강은 건강할 때 지켜야 한다. 당신의 에너지 센터를 더욱 강화해 어떤 변화에도 흔들리지 않는 기둥처럼 굳건하고 안정되게 만들기 바란다.

5~9개를 체크했다면 자신의 에너지 상태에 주의를 기울여야 한다. 당신에게 일어나는 어떤 사건, 환경, 정보 변화에 쉽게 영향을 받을 수 있기 때문에 에너지 센터를 발달시키기 위해 꾸준히 노력하기 바란다. 하단전을 강화하고 가슴을 여는 데에 집중하자.

10개 이상을 체크했다면 에너지 순환이 좋지 않고 에너지의 균형이 어긋나 있는 위험한 상태이다. 에너지가 안정되어 있지 않아서 감정 기복이 심하고 삶에 대한 태도도 긍정과 부정을 수시로 오간다. 심각한 경우는 매사에 무기력하고 자포자기 상태에 놓여 있을 수도 있다. 불균형한 에너지 때문에 더 이상 힘들지 않도록 무엇보다 먼저 하단전을 강화하는 것부터 시작하기 바란다.

8장

아랫배를 따뜻하게 하라

에너지 수련을 처음 시작한다면 하단전의 에너지부터 강화하는 것이 좋다. 특히 머리가 과열되었다고 느낄 때, 즉 머리는 시원하고 아랫배는 따뜻한 수승화강의 상태에서 벗어났다는 자각이 들 때는 무조건 머리에 있는 열기부터 내려야 한다.

열기를 아래로 내리려면 어떻게 해야 할까? 하체와 하단전을 강화하는 운동을 하면 된다. 하체를 움직이고 자극하면 자연스럽게 그쪽의 기운이 활성화해 열이 발생한다. 하체에 열이 발생하면 상체와 머리 쪽은 반대로 열이 내려가 시원해진다.

하체와 하단전을 강화하는 운동에 들어가기 전에, 먼저 하단전의 에너지 상태부터 점검해보자. 운동을 하고 나서 당신의 에너지에 어떤 변화가 생겼는지 스스로 느끼고 점검할 수 있을 것이다.

아랫배의 에너지 상태 점검하기

1. 아랫배와 하체가 따뜻한가, 차가운가?

눈을 감고 아랫배에 마음을 집중해서 온도를 느껴본다. 에너지가 활성화해 따뜻한 편인가, 미지근하거나 차가운 편인가? 이제 다리와 발의 온도를 느껴보자. 따뜻한 편인가, 미지근하거나 차가운 편인가? 복부나 다리 피부의 온도가 아니라 안쪽에 냉기가 흐르는지 온기가 흐르는지를 느끼는 것이 중요하다. 복부, 엉덩이, 허리 뒤쪽, 허벅지, 종아리, 발의 온도를 느껴보자. 해당 부위에 손을 댄 채 눈을 감고 집중하면 훨씬 잘 느낄 수 있다.

2. 호흡이 깊고 안정적인가, 얕고 불안정한가?

숨을 들이쉬면 숨이 가슴, 횡격막, 아랫배 중에서 어느 깊이까지 들어오는지를 점검한다. 한 손을 가슴에, 다른 한 손은 배꼽 위의 윗배에 대본다. 호흡을 할 때 가슴이 더 많이 움직인다면 숨이 가슴까지 들어오는 것이고, 윗배가 더 많이 움직인다면 횡격막까지 들어오는 것이다. 이번에는 한 손을 윗배에 다른 손은 배꼽 밑의 아랫배에 대본다. 아랫배가 더 많이 움직인다면 호흡이 아랫배까지 깊숙이 내려온다고 할 수 있다. 호흡이 길고 안정적인지, 짧고 불안정한지 느껴본다.

3. 복부와 장의 움직임은 어떤가?

호흡이 아랫배까지 깊이 들어가면 숨이 드나들 때마다 복부가 자연스럽게 부풀어 올랐다 꺼졌다 하면서 움직인다. 자신의 복부가 그렇게 움직이는지 관찰해보자. 복부와 장의 움직임이 둔화되었다면 그만큼 장이 굳어 있다고 볼 수 있다. 양 손끝을 모아 복부의 구석구석을 눌러본다. 배꼽에서 시작해서 위쪽으로 올라갔다가 시계 방향으로 원을 그리며 지그시 깊게 눌러본다. 장이 굳어 있거나 통증이 느껴지는 곳이 있는지 점검한다.

아랫배를 두드려라

하단전의 에너지를 활성화하는 가장 직접적인 방법은 아랫배를 물리적으로 자극하는 것이다. 두 손으로 하단전을 두드리는 운동을 '단전치기'라고 한다.

단전치기

1. 다리를 어깨너비만큼 벌리고 서서 무릎을 살짝 굽힌다. 턱은 아래로 살짝 당기고, 눈을 감고 아랫배에 집중한다.
2. 가볍게 쥔 주먹의 아랫부분(새끼손가락 쪽)으로 아랫배를 두드린다. 양손을 번갈아가며 빠르고 경쾌하게 아랫배에 충분한 자극이 갈 정도의 강도로 두드린다. 자신의 아랫배를 북이라 생각하고 '둥둥' 소리가 날 정도로 두드린다.
3. 또는 양 손바닥으로 아랫배를 동시에 두드린다.
4. 최소한 100회에서 많게는 500회, 1000회까지도 할 수 있다. 100회를 두드리는 데에 1분이 채 걸리지 않는다. 초보자는 한 번에 100회 정도 실시하고, 익숙해지면 강도와 횟수를 높여 나간다. 100회씩 두드리고 5초 정도 쉬었다 이어가는 것도 괜찮다.

마무리 양손을 아랫배에 대고 시계 방향으로 부드럽게 쓸어준다. 양손을 아랫배에 댄 채로 눈을 감고 호흡의 깊이와 장의 움직임을 느껴본다. 숨이 어디까지 들어오는가? 전보다 더 깊어진 느낌이 드는가? 호흡에 따라 아랫배가 부풀었다 꺼지면서 장이 움직이는 것이 느껴지는가? 하단전에 에너지가 모이고 활성화하면서 점점 따뜻해지는지 느껴본다.

주의할 점 두드릴 때 어깨와 팔에 힘이 들어가지 않도록 상체의 힘을 뺀다. 무릎을 살짝 굽히는 자세는 몸의 무게중심을 하체로 내려가게 해서 상체를 이완시키고 편안하게 해준다.

장을 운동시켜라

단전치기를 해보면서 장의 움직임이 어떻게 호흡과 연관되는지를 느꼈을 것이다. 숨이 아랫배까지 깊숙이 드나듦에 따라 아랫배가 팽창했다 수축했다 하면서 장이 자연스럽게 움직인다. 장이 잘 움직이는 것은 호흡이 깊고 안정되어 있음을, 장이 잘 움직이지 않는 것은 호흡이 얕고 불안정함을 뜻한다. 따라서 장을 잘 움직이게 하면 호흡이 깊어질 수 있다.

장에는 우리 몸을 흐르는 전체 혈액량의 3분의 1이 돌고 있다. 따라서 장이 잘 움직이면 혈액순환이 좋아져 심장의 부담도 덜어준다. 장을 잘 움직이게 하는 장운동 두 가지를 소개한다.

장운동

1. 다리를 어깨너비만큼 벌리고 서서 무릎을 살짝 굽힌다. 턱을 살짝 당기고, 눈을 감고 아랫배에 집중한다.
2. 양 엄지손가락은 배꼽에 대고, 두 집게손가락을 맞닿게 해서 양손을 아랫배에 댄다.
3. 아랫배를 허리 쪽으로 당겨서 잠시 멈춘 후, 아랫배에 힘을 빼면서 자연스럽게 풀어준다.

4. 아랫배를 당겼다가 풀어주는 운동을 100회 반복한다. 익숙해 지면 숫자를 늘려 나간다.
5. 장운동을 할 때 애써 호흡에 맞 추려 하지 않아도 된다. 호흡에 상관없이 장운동에 집중하다 보면 호흡은 자연스러워진다.
6. 장운동이 익숙해지면 배를 등 쪽으로 좀 더 강하게 당겨준다.

마무리 양손을 아랫배에 대고 시계 방향으로 부드럽게 쓸어준다. 호흡이 깊어졌 는지, 장이 부드럽게 움직이는지 느껴본다.

주의할 점 어깨와 팔에 힘이 들어가지 않도록 한다. 장이 굳은 채 장운동을 하면 배나 허리에 통증이 느껴질 수 있다. 그럴 때는 손바닥으로 마사지하며 굳은 장을 부드럽게 풀어준 뒤에 장운동을 다시 시작한다.

도구를 활용한 장운동

장운동이 익숙하지 않은 초보자나 장이 굳어 있는 사람에게는 도구를 활용한 장운동이 효과적이다. 내가 발명한 배꼽힐링기를 사용하는 것인데, 이 도구가 없어도 뭉툭한 막대기 같은 것을 사용하면 된다.

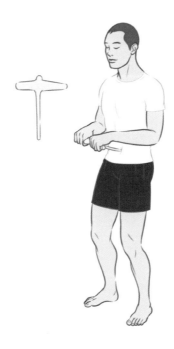

1. 장운동을 할 때와 같은 자세를 취한다.
2. 배꼽힐링기나 막대를 배꼽에서 5센티 아래쪽에 댄다. 손에 힘을 주어 도구로 아랫배를 눌렀다가 풀어주기를 반복한다. 1분에 120회 정도 반복할 정도로 비교적 빠른 속도로 리듬감 있게 펌

핑한다. 도구를 활용하면 훨씬 쉽게 아랫배를 운동시킬 수 있다. 아랫배를 200~300회 펌핑한다.

3. 이번에는 펌핑 도구를 배꼽에 대고 같은 방법으로 200~300회 펌핑한다. 복부의 정중앙에 위치한 배꼽을 통해 장 전체와 복부 근육을 효과적으로 운동시켜준다.

마무리 도구를 내려놓고 무릎을 살짝 굽힌 채 양손을 아랫배 위에 올린다. 눈을 감고 아랫배에 집중해서 호흡과 장의 움직임을 느껴본다. 도구 없이 장운동을 했을 때보다 들숨이 더 깊고 강하게 복부로 들어와 장이 움직이는 것이 느껴질 것이다.

주의할 점 아랫배와 배꼽을 펌핑할 때 도구를 맨살 위에 대지 않도록 한다. 옷 위에 도구를 대고, 누운 자세에서 할 경우에는 옷 위에 수건을 깔고 해도 좋다. 배꼽 힐링의 원리와 효과를 더 자세히 알고 싶다면 《5분 배꼽힐링》을 참고하기 바란다.

하체를 단련하라

하단전의 온도를 높이는 효과적인 방법 중의 하나가 하체운동이다. 근육은 체온의 40% 이상을 만들어 내는데, 전체 근육의 70%가 하체에 분포되어 있다. 머리의 열을 내리고 아랫배의 온도를 높이기 위해 가장 쉽게 할 수 있는 운동은 바로 걷기이다.

걸을 때는 다리 근육만 운동되는 것이 아니다. 양다리를 교차하며 걷는 동작은 코어를 둘러싸고 있는 근육과 허리와 골반, 허벅지를 이어주는 장요근까지 동원한다. 장을 저절로 운동시켜 호흡이 깊어지게 한다.

걷고 나면 특히 발의 온도가 높아지는 것을 느낄 수 있다. 발을 내디딜 때마다 발바닥이 자극되기 때문에 발의 온도가 높아진다. 그래서 머리는 시원하고 발은 따뜻해지는 두한족열頭寒足熱 상태가 된다.

걷는 요령

하체와 하단전을 운동시키려면 산책하듯이 여유롭게 걷는 것보다 빠르고 힘차게 걷는 것이 좋다. 1시간 정도 걸을 수 있다면 더 없이 좋겠지만 최소한 20~30분 정도라도 걸어주자. 걸으면서 하단전이 따뜻해지는 것을 직접 체험해보기 바란다. 걷고 나면 몸의 에너지 상태가 바뀐 것을 분명히 느낄 수 있을 것이다.

　가능하면 야외에서 걷는 것이 좋지만, 여의치 않을 때는 제자리 걷기를 해도 하체운동이 되어 하단전의 에너지가 활성화하고 순환된다. 허벅지 근육과 엉덩이 근육을 집중적으로 단련하는 스쿼트도 하단전 강화에 효과적인 운동이다.

1. 일반적인 걷기보다 빠르고 힘차게 걷는다.

2. 걸을 때 상체를 바로 세운다. 다리는 가능한 한 쭉 편다는 느낌으로, 발의 뒤꿈치부터 디뎌준다.

3. 팔은 자연스럽게 옆으로 내려도 되지만, 팔꿈치를 굽혀서 앞뒤로 움직여주면 걷는 데에 힘이 더 실린다.

4. 발가락과 배에 힘을 주어 걷는다.

5. 평소보다 보폭을 넓게 해서 걸으면 두 다리가 교차하면서 생기는 효과가 증폭된다. 다리를 교차할 때마다 근육과 골반, 장이 어떻게 움직이는지 느끼면서 걸어보자.

마무리 아랫배와 하체에 마음을 집중해서 온도를 느껴본다. 에너지가 활성화하고 온도가 올라갔는지, 발이 따뜻해졌는지, 호흡이 더 깊어졌는지 느껴본다. 장의 움직임은 어떤가? 숨이 들고 나는 것에 맞춰 복부가 자연스럽게 부풀어 올랐다 꺼졌다 하면서 장이 움직이는지 살펴보자.

9장

막힌 가슴을 열어라

머리에 있는 열기를 아랫배로 내리기 위해서는 머리와 배 사이의 에너지 길인 임맥을 열어줘야 한다. 머리의 열기는 임맥을 따라서 배로 내려가는데, 가슴의 에너지가 정체되면 그 길을 막는다. 이런 경우를 흔히 '가슴이 막혔다'라고 표현한다. 고속도로에서 사고가 발생하면 도로가 꽉 막혀 교통 흐름이 원활하지 않은 것처럼, 가슴의 에너지가 정체되면 화기가 아래로 내려오는 화강火降을 방해한다. 그래서 막힌 가슴을 열어줘야 한다.

가슴을 열어준다는 것은 무슨 뜻일까? 가슴에 있는 에너지 센터인 중단전을 활성화한다는 것이다. 그곳에 정체된 무겁고 탁한 에너지를 내보내고 맑고 가벼운 에너지로 채우는 것이다.

무겁고 탁한 에너지는 대개 오랫동안 축적해온 부정적인 감정들이 뿜어낸 것들이다. 몸도 에너지이고, 마음도 에너지인 것처럼 감정도 에너지이다. 화, 원망, 우울, 불안, 초조, 짜증, 슬픔, 자괴감, 피해의식, 자만심 같은 감정 에너지가 자신도 모르는 사이에 가슴속에 뭉쳐 있다. 사람마다 정도의 차이는 있겠지만 많은 스트레스에 노출되어 있는 현대인들은 거의 대부분이 그렇다.

부정적인 에너지를 해소해주지 않아 가슴이 막히면 머리의 열기가 아랫배로 내려가지 못해 머리에 계속 머물게 된다. 또 가슴이 막혀 있으면 호흡이 아랫배까지 깊이 내려가지 못하기 때문에 아랫배가 따뜻해지지 않는다.

그렇다면 내 가슴이 막혀 있는지 아닌지 어떻게 알 수 있을까? 운동을 시작하기 전에 간단하게 가슴의 에너지 상태를 점검해보자.

가슴의 에너지 상태 점검하기

1. 가슴이 막혀 있거나 답답하게 느낀 적이 있는가?

가슴이 막혀 있거나 답답하다고 느낀 적이 있는가? 평소에는 딱히 느끼지 못했을 수도 있다. 눈을 감고 자신의 가슴에 집중해보자. 가슴이 편안하고 열린 느낌이 드는가, 답답하고 닫힌 느낌이 드는가? 앞서 열거한 스트레스, 화, 불안, 초조 등 부정적인 감정에 지배받는 경향이 있다면 그런 감정 에너지가 가슴에 차곡차곡 쌓였을 수 있다.

2. 호흡은 깊고 편안한가?

가슴의 에너지는 마음이 활짝 열려서 편안해야 한다. 호흡이 어떤지 점검해보면 가슴의 에너지 상태를 바로 알 수 있다. 눈을 감고 가슴에 집중해서 호흡을 느껴보자. 호흡이 편안하고 깊은가, 불안정하고 얕은가? 아무 걸림 없이 숨이 편안하고 깊고 고르게 쉬어진다면 괜찮은 상태이다. 그런데 숨이 고르지 않고, 호흡이 짧으며, 숨을 쉬는 게 편안하지 않다면 가슴이 무언가로 막혀 있다는 신호이다.

3. 엄지손가락으로 가슴 한가운데를 눌렀을 때 통증이 느껴지는가?

가슴의 에너지 밸런스를 물리적인 방법으로 점검하는 방법도 있다. 엄지손가락으로 가슴의 한가운데를 꾹 눌러보자. 양쪽 유두의 정중앙에 약간 움푹 들어간 곳을 엄지손가락 끝에 힘을 실어 조금 세게 원을 그리듯 눌러보자. 통증이 느껴지는가? 그곳은 '단중膻中'이라는 혈자리로 가슴 에너지 센터의 중심이다. 단중에서 가슴의 정중앙선을 따라 목 아래까지 조금씩 위로 올라가며 여러 곳을 눌러보면 통증이 강하게 느껴지는 곳을 찾을 수 있다. 통증의 강도가 심한 만큼 스트레스가 많고 가슴이 많이 막혔다고 보면 된다.

꽉 막힌 가슴의 정체를 풀어라

임맥을 풀면 가슴에 쌓인 부정적인 감정도 풀린다. 막힌 임맥을 뚫는데에는 여러 가지 방법이 있지만, 그 중에 내가 가장 최근에 개발한셀프 힐링법인 '중완힐링'에 대해 상세히 알려주고자 한다. 중완힐링은 긴장된 몸과 마음을 이완시키고 오랜 시간 쌓인 스트레스, 걱정,불안, 초조, 우울과 같은 감정적인 에너지들을 배출하는 데에 탁월한효과가 있다. 전혀 어렵지 않고 누구나 쉽게 따라할 수 있으니 꼭 체험해보기 바란다. 먼저 중완을 힐링하는 것이 왜 중요하고, 중완호흡이 어떻게 작동하며, 어떤 효과가 있는지 알아보자.

중완혈은 화기의 상습 정체 구역

임맥에서 에너지가 잘 막히는 곳, 에너지의 병목현상이 생기기 쉬운곳이 몇 군데 있는데 그 중 하나가 '중완中脘'이라는 혈자리이다. 중완은 우리 몸 앞면 정중앙을 지나는 선상에 있다. 배꼽에서 4촌寸 정도위에 있는 혈자리로 명치와 배꼽 중간에 있다. 양 손끝으로 지그시 눌러보면 복부대동맥이 통통 뛰는 것을 느낄 수 있다.

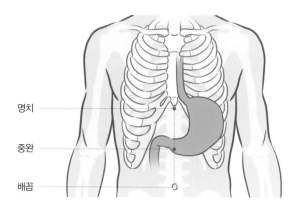

명치

중완

배꼽

중완혈의 위치

명치에서 배꼽까지가 상복부이고, 배꼽 아래가 하복부이다. 중완은 '위胃의 중앙'이라는 뜻으로, 해부학적으로는 위가 십이지장으로 이어지는 유문 부위에 가깝다. 위, 간, 쓸개, 장의 상부 등 거의 모든 소화기관이 있는 상복부의 정중앙에 위치해 상복부의 에너지를 조절하는 핵심 혈자리이다.

한의학에는 모혈募穴이라는 개념이 있다. 오장육부의 기를 불러 모으는 혈자리로, 장부에 병이 생기면 모혈이 아프거나 굳거나 과민 반응을 나타내기 때문에 병을 진단하거나 치료하는 데에 흔히 활용된다. 중완혈은 위경胃經의 모혈이다. 각 경락의 모혈은 해당 경락상에 있기도 하고 이웃한 다른 경락에 있기도 하는데, 중완은 위경이 아닌 임맥에 위치한 혈자리이지만 위치가 가까운 위의 모혈 역할을 한다.

그래서 위에 문제가 생기면 중완이 딱딱하게 굳거나 아프다.

중완은 음식물을 소화, 흡수하는 과정에서 발생한 노폐물이 가장 많이 쌓이는 곳이기 때문에 잘 막히고, 막히면 다양한 소화기 장애가 나타난다. 체하거나 더부룩한 증상이 흔하고 소화불량, 위경련, 만성 위염, 복통, 구토, 설사, 장염, 비위의 문제도 보인다. 한의학에서는 앞에서 언급한 증상이 있을 때 중완에 침을 놓거나 뜸을 떠서 치료한다. 지압이나 마사지 등으로 중완을 자극하여 각종 소화기 증상을 완화할 수도 있다.

위장은 음식을 소화시키고 영양분을 흡수하여 에너지로 만드는 곳이다. 말하자면 우리 몸의 에너지 발전소이다. 중완이 막혀 위장의 에너지가 부족하거나 잘 흐르지 않으면, 소화 기능에 장애가 생길 뿐만 아니라 많이 먹어도 힘이 없고 의욕이 나지 않으며 피로를 자주 느낀다.

소화기관은 우리의 감정과 밀접한 연관이 있다. 중요한 발표를 앞두고 긴장하거나 스트레스를 받으면 속이 울렁거리고 소화가 잘 안된다. 공포를 느끼면 자신도 모르게 장이 딱딱하게 굳고 수축된다. 기분이 안 좋거나 긴장을 하면 화장실을 자주 들락거린다. 그런데 달콤한 음식을 먹으면 기분이 좋아진다. 왜 그럴까?

과학자들은 장뇌腸腦와 미생물 때문이라고 한다. 식도에서부터 항문에 이르기까지 총 길이가 약 6미터나 되는 복부의 장벽에는 수억 개의 신경세포들이 분포되어 있는데, 이를 통틀어서 '장뇌'라고 부른다. 장에는 우리 몸의 세포수보다 더 많은 미생물들이 있다. 이 미생물들은 장의 움직임을 조절하고, 면역 반응에 관여하며, 다양한 호르몬들을 만들어 뇌와 몸에 영향을 미친다. 도파민, 세로토닌, 가바 등 기쁨, 행복, 평온함과 연관된 호르몬을 뇌뿐만 아니라 장내 미생물도 만들어낸다. 두뇌, 장뇌, 미생물은 '장-뇌 연결축(gut-brain axis)'이라는 정보 고속도로를 통해 서로의 생체 정보를 주고받는다. 그래서 한쪽의 상황이 다른 한쪽에 영향을 미친다. 기분이 나쁘면 배가 아프고, 배가 아프면 기분이 나빠지는 것은 이런 이유 때문이다.

장과 감정의 이런 상관관계 때문에 소화기관의 기능을 개선하기 위해 중완혈을 자극하면 불안, 초조, 우울 등의 정신건강 문제를 개선할 수 있다. 에너지적으로 막혔던 중완혈이 열리면서 임맥에 정체된 화기가 아랫배로 내려가고 수승화강의 에너지 균형이 바로잡히면서 정서적인 안정이 찾아온다.

중완힐링의 효과

중완힐링은 손이나 도구를 활용해 중완혈을 반복적으로 눌러주는 것이다. 중완을 빠르고 리듬감 있게 누르는 중완펌핑과 중완을 천천히 지그시 누르면서 호흡을 병행하는 중완호흡으로 이루어져 있다. 중완혈 아래에는 복부대동맥이 지나가는데, 중완힐링은 손동작과 호흡을 통해서 복부대동맥이 수축과 확장을 반복하도록 도와준다. 이 작용을 통해 아주 짧은 순간에 전신의 에너지와 혈액의 순환이 개선된다. 또한 흉강을 확장시켜서 숨을 최대한 들이마심으로써 몸속으로 많은 산소를 공급할 수 있다.

중완힐링 수련자들은 다음과 같은 효과를 체험한다.

첫째, 소화 기능이 좋아진다. 중완힐링을 하면 장운동이 되면서 트림이 나거나, 장에서 꾸르륵 소리가 나면서 답답하고 더부룩했던 배가 편안해진다. 설사나 변비 등으로 화장실에 앉아 있는 시간이 긴 사람들도 곧잘 정상으로 돌아온다고 한다. 식후에 위에서 신물이 올라오는 역류성식도염 증상이 개선되었다는 체험담도 종종 듣는다.

둘째, 긴장이 풀어지면서 몸과 마음이 편안하게 이완된다. 중완혈이 많이 막힌 사람들은 중완힐링을 처음 시작할 때 중완 부위에 통증이나 긴장감, 메슥거림을 느낀다. 대개는 계속하다 보면 이런 불편함은 사라진다. 얼굴, 어깨, 가슴, 등 근육이 이완되고 불안감이나 초조함이 줄어든다. 밤에 잠을 잘 못 자던 사람이 숙면을 취하기도 한다.

셋째, 호흡이 깊어진다. 호흡이 얕고 짧고 거칠던 사람들도 중완힐링을 하고 나면 호흡이 한결 깊고 길고 부드러워진다. 숨이 아랫배까지 깊숙이 내려가는 느낌이 있다. 복식호흡에 익숙한 사람들은 중완힐링 후에 복식호흡을 하면 숨이 아랫배에서부터 차올라 윗배까지 충분히 들이쉬어지며 마치 몸통 전체로 호흡하는 듯한 느낌이 든다고 한다.

넷째, 몸이 따뜻해진다. 중완힐링을 하면 배와 허리뿐만 아니라 손발도 따뜻해진다. 단지 몇 분의 중완힐링으로도 그 효과를 확실하게 느낄 수 있다. 온몸이 따뜻해지는 것을 느끼는 사람도 있다. 깊고 안정적인 호흡, 복부대동맥의 수축과 이완, 장 마사지 효과로 혈액순환이 활발해졌기 때문이라 짐작한다.

이밖에도 머리가 맑고 가볍다, 등·어깨·가슴이 펴지면서 자세가 좋아진다, 눈이 촉촉해지고 밝아진다, 입에 침이 고인다고 말하는 수련자들이 많다. 모두 우리 몸에서 수승화강이 되었을 때 나타나는 생리적인 현상들이다.

중완힐링 수련자들이 자주 이야기하는 효과 중에 눈여겨볼 만한 것은 '몸의 긴장 상태를 더 잘 느낄 수 있게 되었다'는 점이다. 스트레스를 받으면 중완 부위가 막히고 뭉치는 것이 느껴지기 때문에 스트레스를 더 적극적으로 해소하게 된다는 것이다. 스트레스를 받으면 습관적으로 폭식을 하던 한 수련자는 중완힐링을 시작한 지 한 달여부터는 과식하면 중완이 막히는 것이 느껴지고, 그 느낌이 불편해서 식사량을 잘 조절할 수 있게 되었다고 한다. 모두 수승화강으로 우리 몸이 조화와 균형을 이루는 감각을 회복하면서 나타나는 현상들이다.

자기존중이 중완에 미치는 영향

인도의 요가 철학에 따르면, 우리 몸에는 7개의 에너지 센터가 있는

데 이를 차크라chakra라 부른다. 중완은 그 중 세 번째 차크라인 태양신경총太陽神經叢이 위치한 자리이기도 하다. 각각의 차크라는 우리의 육체적, 정신적, 영적 능력과 관련한 일정한 역할이 있다. 세 번째 차크라는 자기 정체성과 관련이 깊다. 이 차크라가 어떤 상태인가에 따라 건강한 자아상을 갖느냐, 왜곡된 자아상을 갖느냐로 갈린다.

태양신경총의 에너지가 건강하고 조화로울 때는 자신을 존중하고, 자기수용적이고, 자신감 있는 모습을 보인다. 자신의 감정과 생각을 자신 있게 표현하고 자신의 말과 행동에 책임을 진다. 자신이 선택한 것을 행동으로 옮길 수 있는 힘이 있다. "이것은 내 삶이다. 내 삶을 내가 원하는 대로 이끌어갈 수 있다. 나 자신과 내 삶을 사랑한다." 기본적으로 이런 정신을 가지고 자신감 있게 살아간다. 주위 사람들과도 건강한 관계를 맺는다. 다른 사람들을 비판하거나 분별하지 않고 순수한 마음으로 대한다.

태양신경총의 에너지가 조화롭지 않을 때는 과도한 자기과시나 자기과장, 다른 사람들을 통제하려는 모습으로 나타난다. 다른 사람들에게 비판적이고 아량이 없으며 까다로운 완벽주의자 같은 모습을 보이기도 한다. 또 세 번째 차크라의 에너지가 너무 약하면 자기비하와 열등감에 잘 빠지며 다른 사람들에게 인정받기 위해 자신의 감정과 생각을 숨기고 눈치를 보는 초라한 자아상을 갖게 된다. 자기 자신이 마음에 들지 않고, 다른 사람들의 의도를 쉽게 오해해서 피해의식에 빠지기도 쉽다.

다행히 차크라가 표현하는 인격은 정해져 있지 않다. 우리는 삶의 여러 경험을 통해 배우면서 각각의 차크라를 발달시켜 나간다. 태양신경총의 인격도 고정된 것이 아니다. 우리는 어떤 때는 자신을 좋아하고, 스스로에게 정직하며, 자신의 실수를 쿨하게 인정하고, 다른 사람들의 피드백도 담담하게 받아들인다. 그러나 어떤 때는 자신이 밉고, 자신을 보호하기 위해 다른 사람들을 비난하거나 아부하고, 다른 사람들이 자신을 인정해주지 않으면 스스로가 너무 초라하다고 느낀다. 우리의 에너지 상태에 따라 자신에 대한 생각과 인격이 수시로 바뀌는 것이다.

중완혈, 태양신경총, 세 번째 차크라는 모두 같은 에너지 센터를 가리키는 다른 이름이다. 이 에너지 센터의 심리적인 기능은 자기 자신과의 관계를 정립하는 것이다. 자기 자신과의 관계를 잘 맺어야 다른 사람과의 관계도 잘 맺을 수 있다. 자기 자신과의 관계에서 가장 중요한 것은 자신을 존중하고 사랑하는 태도이다.

자기를 존중한다는 것은 자기 자신에 대한 기본적인 신뢰가 있다는 말이다. 자기를 존중하는 사람은 힘든 도전에 직면했을 때나 일이 원하는 대로 되지 않았을 때, 자기 자신을 비하하지 않는다. 가족이나 친구, 직장 동료, 다른 사람들과도 건강한 거리를 유지한다. 자신에 대한 존중과 애정이 있을 때라야 자기 자신을 온전히 표현할 수 있고, 자신이 원하는 것이나 필요한 것에 대해서도 진솔하게 마음을 열고 대화할 수 있다. 자기 자신과 관계를 잘 맺으면 다른 사람들과의 관계도 원활해진다.

건강한 몸과 마음을 갖기 위해서는 기본적으로 '자기존중'이 바탕에 깔려 있어야 한다. 자기를 존중하고 사랑하기 때문에 자기 몸에 대해서도 관심을 갖고 스스로 건강을 챙기기 위해 노력하는 것이다. 자기존중이 없으면 '내 건강은 내가 지킨다'라는 다짐도 아무런 힘을 발휘하지 못한다.

자기존중이 없으면 자신감이 부족하기 때문에 자신의 선택에 대해 확신이 없고, 선택하고서도 추진력 있게 밀고 나가지 못하며, 책임을 맡는 것을 부담스러워 한다. 다른 사람들과의 관계에서도 홀로 남겨지거나 인정과 사랑을 못 받을지도 모른다는 두려움 때문에 다른 사람들에게 의존한다.

수승화강 상태와 역수승화강 상태 중에서 스스로를 존중하고 사랑하며 자신과 좋은 관계를 맺는 데에 도움이 되는 에너지 상태는 어떤 것이겠는가? 당연히 수승화강 상태이다!

끊임없는 경쟁과 평가 속에서 몸과 마음을 긴장시키고, 다른 사람들의 시선을 신경 써야 하는 우리의 라이프스타일에서 역수승화강 상태에 오래 머물러 있지 않으려면 의식적으로 노력해야 한다. 임맥이 꽉 막혀 있으면 가슴속에 화기를 안고 사는 셈이니 기분을 나쁘게 하는 아주 작은 일만 생겨도 이것이 불씨가 되어 화가 치솟는다. 또 가슴속에 있는 화기가 계속 요동을 쳐서 마음이 안정되지 않는다. 특별한 이유가 없는데도 불안하다. 늘 불안하고 화날 준비가 되어 있는 상태에서는 건강한 자아가 확립되기 어렵다.

건강을 위해서는 물론이고, 자신에 대한 신뢰와 사랑을 회복하기 위해서도 막힌 임맥을 열고 수승화강을 회복해야 한다.

중완힐링 방법

중완힐링은 손이나 도구(8장의 장운동에서 소개한 배꼽힐링기나 뭉툭한 막대기)를 사용해서 할 수 있다. 중완힐링을 하기 전에 중완의 위치를 확인한다. 중완의 정확한 위치는 갈비뼈가 갈라지는 곳과 배꼽의 중간 지점이다.

중완힐링은 서서, 앉아서, 누워서도 할 수 있다. 선 자세일 경우에는 다리를 어깨너비만큼 벌리고 무릎을 약간 구부린다. 초보자라면 누워서 하는 것이 좋다. 누운 자세에서는 복부 근육이 상대적으로 더 잘 이완되기 때문에 효과를 잘 느낄 수 있다. 익숙해지면 앉거나 선 자세로 해도 무방하다. 임맥이 많이 막혀 있으면 중완힐링을 할 때 통증이 느껴지는데, 입으로 숨을 내쉬면서 하면 통증을 더는 데에 도움이 된다.

손으로 하는 중완힐링

1. 먼저 중완펌핑을 시작한다. 양손의 검지, 중지, 약지를 모아 중완 위에 올린다. 손가락에 힘을 주어 중완을 눌렀다 뗐다 하는 동작을 리듬감 있게 반복한다. 입을 약간 벌리고 숨을 내쉬면서 약간 빠른 속도로 경쾌하게 펌핑한다. 100~200회 정도 실시한다.

2. 다음은 중완호흡을 할 차례다. 숨을 들이마셨다가 내쉬면서 손가락으로 중완을 깊숙이 누른다. 그 상태에서 5초간 숨을 참으면서 손의 압력을 유지한다. 생각보다 깊숙이 눌러주는 것이 핵심이다. 손에 힘을 풀면서 숨을 깊이 들이마시고 5초 정도 숨을 참는다. 이 호흡을 10~20회 반복한다.

도구로 하는 중완힐링

1. 배꼽힐링기나 뭉툭한 막대를 사용해서 중완힐링을 한다. 도구의 끝을 중완에 댄다. 8장에서 도구로 장이나 배꼽을 펌핑했듯이 다소 빠른 속도로 경쾌하게 펌핑한다. 100~200회 반복한다.

2. 이제 중완호흡을 실시한다. 배꼽힐링기의 세 가지 봉 중 하나를 중완에 댄다. 가장 가느다란 봉을 사용해도 되지만, 손잡이 쪽의 두꺼운 봉 중 하나를 사용하면 더 깊이 자극할 수 있다. 배꼽힐링기 대신 뭉툭한 막대를 사용해도 된다. 도구를 손에 쥐고 숨을 내쉬면서 몸 쪽으로 천천히 당긴 후에 그 상태를 5초간 유지한다. 손에 힘을 풀어주면서 숨을 깊이 들이마신 후 5초 정도 멈춘다. 10~20회 반복한다.

마무리 도구를 내려놓고 양 손바닥을 겹쳐서 중완 위에 올린다. 손바닥에서 힐링 에너지가 나와 중완을 편안하게 해준다고 상상한다. 편안하게 호흡하며 자신의 몸 상태를 느껴본다. 중완에 정체된 에너지가 조금 풀어진 느낌이 드는가? 호흡이 깊어졌는가?

주의할 점 통증이 많이 느껴진다면 쉬었다 하고, 누르는 강도와 횟수를 자신의 몸 상태에 맞게 조절한다. 숨을 내쉬면서 중완을 누를 때 복부에서 맥박이나 약간의 통증이 느껴질 때까지만 누르는 것이 좋다. 고통스러울 정도로 너무 세게 누르지 않도록 주의한다. 많은 사람들이 중완힐링을 할 때 트림이 나오는 것을 경험하는데, 막힌 기혈이 풀리면서 나타나는 좋은 현상이다.

　중완힐링을 할 때 오랫동안 쌓였던 감정 에너지가 통증과 함께 풀어지기 때문에 감정적으로 힘들게 느껴질 수도 있다. 그럴 때는 자신의 상태를 있는 그대로 바라보고 받아들이는 자세가 필요하다. 그래야 통증도 에너지도 서서히 풀리면서 치유된다.

가슴에 쌓인 스트레스를 풀어라

사람들의 가슴속에는 자신도 모르는 사이에 화, 원망, 우울, 불안, 초조, 슬픔, 자괴감, 피해의식, 우월감 등 여러 부정적인 감정 에너지가 쌓여 있다. 부정적인 감정이 일어났을 때 그때그때 해소하지 못하고 그냥 지나쳤기 때문이다. 스트레스와 부정적인 감정 에너지가 임맥의 중심인 가슴에 정체되면 머리와 심장의 화기가 복부로 내려가는 것을 방해해 호흡이 짧아지고, 숨쉬기가 불편해지고, 마음도 불안정해진다.

가슴에 쌓인 스트레스를 풀어주는 방법으로 '가슴 두드리기'를 소개한다.

가슴 두드리기

1. 바닥이나 의자에 편하게 앉아 허리를 곧게 편다.
2. 먼저 오른 주먹으로 가슴 두드리기를 한다. 주먹을 쥐고 엄지손가락 쪽으로 가슴을 통통통 두드린다. 눈을 감고 가슴의 에너지 상태를 느끼면서 왼쪽 쇄골 아래쪽 부분을 비롯해서 왼쪽 흉곽을 골고루 충분히 두드린다. 입으로 숨을 내쉬면서 약간 세게 두드린다. 정체된 스트레스와 감정 에너지가 내쉬는 숨과 함께 배

출된다고 상상한다.

3. 손을 바꿔서 왼 주먹으로 오른쪽 흉곽을 두드린다.

4. 이제 자신이 편한 손으로 가슴의 정중앙인 단중을 비롯해서 임
맥이 지나가는 중앙선을 따라서 두드린다. 숨을 내쉬면서 "아~"
하고 소리를 내며 두드리면 스트레스를 해소하는 데에 효과적
이다. 가슴속에 정체된 스트레스와 부정적인 감정 에너지가 다
빠져나간다고 상상한다.

마무리 눈을 감고 두 손을 가슴 위에 댄다. '후~' 하고 숨을 내쉬며 가슴에 정체되어 있던 에너지를 내보낸다. 이제 가슴의 에너지 상태를 느껴본다. 스트레스와 답답함이 수련 전보다 줄어들어 가슴이 편안해졌는가? 호흡이 더 편안해지고 자연스러워졌는가?

주의할 점 가슴을 두드리다 보면 자신이 스트레스를 받았던 기억이 떠오를 수도 있고, 화·슬픔·억울함 같은 감정 에너지가 올라올 수도 있다. 스트레스와 감정을 제때 해소하지 못하고 억누르면서 살아온 자신에 대한 연민과 미안함이 느껴질 수도 있다. 그러한 모든 에너지들을 내쉬는 숨과 함께 "아~" 소리와 함께 입 밖으로 뱉어낸다. 스트레스가 얼마나 많이, 깊이 정체되어 있는지에 따라 다르겠지만, 당신의 가슴이 정말로 편안해지려면 가슴 두드리기를 여러 번 반복해야 할 수도 있다. 당신을 힐링할 수 있는 사람은 바로 자신이라는 것을 기억하자.

가슴에 힐링 에너지를 보내라

가슴 두드리기를 하고 바로 이어서 가슴에 힐링 에너지를 보내면 체험이 깊어져 더 큰 효과를 느낄 수 있다.

우리 몸 전체가 에너지로 이루어져 있지만 그중에서도 에너지를 보내고 받기에 가장 쉬운 신체 부위가 손이다. 손에는 다른 신체 부위에 비해 감각수용기가 많이 분포해 있어 그만큼 민감하기 때문이다. 손에서 발산되는 에너지의 파장을 활용한 힐링 요법들에 대해 들어본 적이 있을 것이다.

심생기心生氣, 마음에서 에너지가 만들어진다는 원리를 다시 한 번 떠올려보자. 마음을 집중하는 곳에 에너지가 간다. '내 손이 최고의 힐링 도구'라는 확신을 가지고 지치고 힘든 가슴을 힐링 에너지로 달래보자. 에너지에 대한 체험이 없는 사람들도 마음을 실어서 집중하면 가슴이 무척 편안해지는 것을 느낀다. 때로는 아주 놀라운 에너지 현상을 체험하기도 한다.

가슴에 힐링 에너지 보내기

1. 바닥이나 의자에 편하게 앉아 허리를 곧게 편다.
2. 손바닥의 에너지를 활성화하기 위해 양 손바닥을 마주 대고

10~20초간 빠르게 비벼준다.

3. 두 손바닥이 10센티 정도 사이를 두고 마주보게 한다. 눈을 감고 손의 느낌에 집중한다. 손에서 따뜻한 열감이나 찌릿찌릿한 느낌이 든다면 에너지가 잘 활성화하고 있는 것이다. 마음을 손에 집중하면서 양손에 힐링 에너지가 점점 활성화하는 것을 상상한다.

4. 이제 눈을 감고 양 손바닥을 천천히 가슴 앞으로 가져가 가슴과 마주보게 둔다. 가슴과 손바닥 사이가 5센티 정도 되게 공간을 띄운다.

5. 손에서 따뜻한 힐링 에너지가 나와서 가슴으로 들어간다고 상상한다.

6. 힐링 에너지가 당신을 외롭고 힘들게 했던 감정의 응어리들을 녹인다고 상상한다. 자신도 모르게 붙들고 있었던 무거운 감정들을 마음에서 놓아버린다.

7. "많이 힘들었구나. 정말 미안해. 더 이상 너를 힘들게 하지 않을게. 잘 버텨줘서 고맙고, 사랑해." 스스로에게 이야기해주면서 가슴을 달래준다.

8. 힐링 에너지로 가슴이 따뜻해지는 것을 느껴본다. 자기에 대한 사랑과 존중감이 커지는 것을 느껴본다. 가슴속에서 사랑과 감사가 저절로 느껴진다면 중단전의 에너지 힐링이 잘 이루어졌다는 신호이다.

주의할 점 가슴 두드리기와 마찬가지로 가슴에 힐링 에너지를 보낼 때도 그동안에 쌓여 있던 감정들이 수면 위로 떠오를 때가 있다. 분노나 시기심, 수치심, 자기연민, 피해의식, 후회 등 부정적인 감정들이 올라온다고 해서 '이러면 안 돼, 나는 감정에서 자유로워져야 해!'라는 식의 자기 검열로 억제하지 말자. 그럴수록 감정을 해소하지 못하고 가두어 감정이 더 무거워진다. 그런 감정을 느끼는 자기 자신을 솔직하게 받아들이고 가슴에 계속 힐링 에너지를 보내면 감정의 응어리들이 만든 무거운 에너지가 해소되면서 감정이 나를 놓아주는 경험을 할 수 있다.

10장

과열된 뇌를 식혀라

뇌가 과열되는 이유는 뇌를 과하게 써서 그렇다. 무언가에 지나치게 집중하거나 끊임없이 생각과 고민에 빠져 있으면, 뇌가 쉬지 않고 계속 일을 하게 되어 과부하가 걸리는 것이다. 계속 뇌를 쓰면 뜨거운 에너지가 뇌로 몰릴 수밖에 없다. 머리가 뜨거워지고, 무겁고, 맑지 않고, 지끈거리는 두통까지 생길 수 있다. 기계나 컴퓨터를 계속 사용하면 과열되는 것과 마찬가지이다.

몸도 과하게 써서 피로해지면 쉬어줘야 하듯 과열된 뇌에 휴식은 필수이다. 잠시 집중하고 있던 일을 놓고, 뇌에 생기를 되찾아주는 것이다. 과열된 기계의 전원을 끄고 얼마간 시간이 지나면 열이 식어 정상 상태로 돌아온다. 마찬가지로 과열된 뇌를 진정시키면 원래의 정상적인 뇌 에너지 상태로 돌아온다. 뇌가 진정되었을 때 다시 일을 하면 집중이 더 잘 된다. 스트레스를 잔뜩 받은 채로 일한다고 계속 앉아 있는 것은 비생산적이고 비효율적일 뿐 아니라 자신의 건강을 망치고 스트레스 지수를 높이는 나쁜 습관이다.

하다못해 기계도 정기적으로 점검해서 정상 상태를 만들어 사용하는데, 기계보다 훨씬 더 민감한 우리 몸은 얼마나 잘 점검하고 관리해야 하겠는가? 기계에도 정상 상태의 표준이 있듯이 우리 뇌도 뜨거운 뇌가 아니라 시원한 뇌가 정상적인 에너지 상태의 표준이다. 항상 이 상태를 유지할 수 있다면 자신의 에너지를 최고로 잘 관리하고 있는 것이다. 사방에 스트레스가 널려 있는 우리 삶에서 항상 시원한 뇌 상태를 유지하기란 쉽지 않지만, 적어도 자신의 뇌가 과열되어 있을 때 그것을 스스로 감지하여 뇌를 진정시키려 노력하는 습관을 갖는 것은 매우 중요하다.

기계는 기계의 관리자가 돌보듯 당신 뇌는 주인인 당신이 돌봐야 한다. 자신의 뇌가 과열됐든 말든 관심도 없고, 감지도 못 하는 것은 마땅한 책무를 소홀히 하는 것이다. 자신의 에너지 상태를 주기적으로 점검해야 한다. 당신의 뇌와 몸의 주인이자 관리자는 바로 당신 자신이라는 사실을 늘 명심하자.

머리의 에너지 상태 점검하기

1. 머리에서 열이 나는가?

뇌가 과열되었는지 알아보는 가장 쉬운 방법은 머리의 온도를 확인하는 것이다. 지금 이마에 손을 대서 온도를 느껴보자. 이마가 손의 온도보다 더 시원하다면 최상의 컨디션이다. 이런 상태는 잠을 잘 자고 깨어났을 때 느낄 수 있다. 잠자는 동안에는 뇌를 의식적으로 안 쓰기 때문에 뇌가 진정된 것이다. 지금 이마의 온도가 손의 온도와 비슷하거나 약간만 높다면 그래도 괜찮은 상태이다. 하지만 이마가 손보다 훨씬 뜨겁게 느껴진다면 그대로 두어서는 안 된다.

2. 머리가 무겁고 두통이 있는가?

머리가 맑고 개운한가, 아니면 무겁고 지끈거리는가? 머리로 화기가 몰리면 뇌 속이 뭔지 모를 무거운 에너지로 꽉 차 있는 듯한 느낌이 든다. 구름 없이 화창한 하늘처럼 머리가 맑아야 정상인데, 먹구름처럼 무겁고 흐린 에너지가 뇌에 차 있는 느낌이라면 그 상태에서 빨리 벗어나야 한다. 이 상태에서는 집중력이 떨어질 수밖에 없다. 깊고 안정된 호흡을 통해 뇌에 산소와 신선한 에너지가 충분히 공급되지 않을 때 생기는 현상이다.

3. 눈이 침침하고 입이 마르는가?

흔히 눈은 밖으로 나와 있는 뇌라고 말한다. 뇌가 과열되면 눈이 침침하고 건조해진다. 입이 바싹바싹 마르는 현상도 뇌가 과열되었다는 증거이다. 원래의 정상적인 에너지 상태에서는 눈이 밝고 촉촉하고 입 안에 단침이 고이는데, 화기가 머리에 몰려 있으면 눈과 입이 건조해질 수밖에 없다. 평소에 눈이 자주 침침하고 입이 잘 마르는지를 주의 깊게 관찰하면, 뇌에 열이 찼는지 아닌지 자신의 수승화강 상태를 쉽게 파악할 수 있다.

고관절의 에너지 정체를 뚫어라

뇌가 과열되는 또 다른 주요 이유는 오랫동안 앉아서 생활하기 때문이다. 물론 호흡을 조절하면서 몸 안의 에너지를 순환시키는 명상을 하며 앉아 있는 것은 얘기가 다르다. 일반적으로 컴퓨터나 TV, 스마트폰을 보면서 의자나 소파에 오랜 시간 앉아 있는 것은 수승화강을 방해하는 치명적인 나쁜 습관이다. 앉은 자세에서는 고관절이 접혀서 상체의 화기가 하체로 원활하게 내려가지 못하기 때문이다. 갈수록 호흡도 얕고 짧아져 화기가 머리로 몰릴 수밖에 없다.

앉은 자세와 선 자세가 에너지의 균형에 어떻게 영향을 미치는지는 지금 바로 확인해볼 수 있다. 먼저 의자나 소파에 앉은 자세를 3~5분간 유지하면서 자신의 호흡과 에너지 상태를 관찰해보자. 시간이 지날수록 자신의 호흡이 점점 깊어지는가, 얕아지는가? 머리로 열기가 모이는가, 아래로 내려가는가? 고관절이 접힌 부분에 집중하면 그 부분 때문에 상체의 에너지가 하체로 원활하게 내려가지 못하는 것도 느낄 수 있을 것이다.

이제 자리에서 일어나보자. 선 자세 그대로 3~5분간 유지하면서 자신의 호흡과 에너지 상태를 관찰해보자. 시간이 지날수록 자신의 호흡이 점점 깊어지는가, 얕아지는가? 머리로 열기가 모이는가, 아래로 내려가는가? 고관절이 펴져서 앉은 자세에서보다 상체의 에너지가 하체로 더 잘 내려가는 것이 느껴지는가?

이 간단한 테스트로 알 수 있듯이, 뇌가 과열되어 있다고 느껴지면 주저하지 말고 바로 일어나서 몸을 움직이는 것이 매우 중요하다. 몸을 움직이기 위해 반드시 힘든 운동을 할 필요는 없다. 요리나 설거지, 청소 등 집안일을 하는 것도 좋다. 그렇게 몸을 움직이다 보면 어느새 생각이 줄어들고, 머리의 열기도 자연스럽게 내려가 있는 것을 발견하게 될 것이다.

뇌를 식히는 데에는 무엇보다도 걷기가 최고이다. 밖에 나가서 20~30분만 걸어보자. 걷기는 두 다리를 반복적으로 교차하며, 고관절을 운동시켜 에너지의 병목현상을 풀어준다. 고관절의 막힘이 해소되면 상체의 열기가 하체로 잘 내려가게 된다.

걸을 때는 숨을 내쉬는 데에 집중해보자. 머리의 열기가 내쉬는 숨과 함께 빠져나간다. 고관절, 장요근, 장이 운동되면서 호흡이 깊어지는 것을 느껴보자. 걷고 난 후에 머리의 열을 재보면 이전보다 한결 온도가 내려간 것을 느낄 수 있을 것이다. 오랫동안 앉아서 일을 하거나 공부를 해야 한다면, 적어도 30분에 한 번씩은 일어나서 고관절의 에너지가 막히지 않도록 다음의 동작을 따라 해보자.

고관절 두드리기

선 자세에서 주먹을 쥐고 고관절의 앞쪽, 뒷쪽, 옆쪽을 골고루 두드려준다. 이때 숨을 내쉬면서 두드리면 더욱 효과적이다.

고관절 스트레칭

1. 양손을 허리에 대고 상체를 왼쪽으로 숙이면서 고관절을 오른쪽으로 지그시 밀어준다.

2. 반대쪽으로도 해준다.

3. 상체를 앞으로 숙일 때는 고관절을 뒤쪽으로 빼면서 늘여주고, 상체를 뒤로 젖힐 때는 고관절을 앞쪽으로 밀면서 늘여준다.

고관절 두드리기

고관절 스트레칭

고관절 돌리기

1. 뒷짐을 지거나 양손을 고관절에 대고 서서, 한쪽 무릎을 굽혀 고관절 높이로 들어 올린다.

2. 무릎을 굽힌 다리로 크게 원을 그린다. 안쪽에서 바깥쪽으로 10회, 바깥쪽에서 안쪽으로 10회 원을 그린다.

3. 다리를 바꿔서 반대쪽도 실시한다. 몸의 균형을 유지하기 힘든 경우, 한 손으로 벽이나 의자를 짚고 한다.

마무리 선 채로 눈을 감고 호흡을 고르면서 자신의 몸과 에너지 상태를 느껴본다. 고관절 부위에 생긴 열감이 허리, 엉덩이, 아랫배까지 퍼져 나가는 것이 느껴지는가? 뻑뻑하게 막혀 있던 고관절이 편안해진 느낌이 드는가? 고관절이 열려 상체와 하체의 에너지 순환이 좋아지는 느낌이 드는가? 점점 호흡이 깊어지고 화기가 내려가는 느낌이 드는가?

머리의 에너지 정체를 풀어라

머리로 열기가 몰리면 머리와 목 주변의 근육이 긴장하고, 반대로 머리와 목 주변의 근육이 긴장하면 머리쪽으로 열기가 잘 몰린다. 따라서 머리의 열기를 내리기 위해서는 머리와 목 주변의 긴장을 풀어줘야 한다.

우리 몸에서도 특히 머리와 목에는 아주 많은 경혈이 위치하고 있다. 또한 14개의 주요 경락 중에서 임맥과 독맥을 포함한 무려 8개의 경락(임맥, 독맥, 방광경, 위경, 담경, 소장경, 대장경, 삼초경)이 이곳을 지나간다.

머리의 경혈과 경락의 에너지 정체를 뚫어주고 전신의 에너지 순환을 활성화시키는 데에 효과적인 동작을 알아보자. 에너지의 정체가 뚫리고 순환이 잘 되면 머리에 몰려 있던 열기는 자연스럽게 아랫배로 내려간다.

머리 혈자리 두드리기

머리의 혈자리를 두드릴 때는 숨을 내뱉는 것이 아주 중요하다. '후~' 하고 내쉬는 숨을 통해 머리의 열기와 가스가 입으로 빠져나가는 것을 상상하며 내쉬는 호흡에 집중한다.

1. 손끝을 세워서 머리를 톡톡 두드린다.

2. 정수리를 30회 정도 두드리고 나서 머리의 중앙선을 따라 이마 쪽으로 내려오면서 두드려준다.

3. 다시 머리 위쪽을 두드린다. 이어서 머리 옆쪽, 뒤쪽(머리와 목이 만나는 부분)을 두드린다.

4. 머리를 골고루 두드리다 유독 통증이 느껴지는 지점이 있으면 그곳을 중점적으로 두드려준다.

머리 혈자리 누르기

두드리기를 통해 일차적으로 머리의 열기를 배출했다면 이제 머리에 있는 혈자리를 눌러준다. 손끝으로 누를 수도 있고, 도구를 활용할 수도 있다. 머리의 혈자리를 누르는 도구로 고안된 BHP파인더Brain Education Healing Point Finder를 사용해도 되고, 펜 뚜껑의 뭉툭한 부분을 활용해도 된다.

1. 먼저 양 손끝으로 머리 위쪽, 옆쪽, 뒤쪽을 누르면서 머리 전체의 경혈을 자극한다.
2. 이제 도구나 손끝으로 혈자리를 지그시 눌러준다. 자기 몸의 감각에 집중해서 통증이 느껴지는 부분을 더 집중적으로 눌러

준다.

3. 유독 아픈 곳이 있다면 그곳이 힐링 포인트이다. 에너지 정체가 심하다는 뜻이므로 그곳을 집중적으로 풀어주면 에너지 순환이 좋아진다.

마무리 눈을 감고 호흡을 고르면서 자신의 몸과 에너지의 상태를 느껴본다. 머리가 시원해지고 가벼워진 느낌이 드는가? 머리의 열기가 줄어든 느낌이 드는가? 입에 침이 고이고 눈이 촉촉해지는가? 머리에 열기와 압력이 가득 차 있다고 느낄 때 바로 할 수 있는 긴급 처방이 바로 머리 혈자리 누르기이다. 1~2분만 실시해도 머리의 열기가 빠져 나가면서 하품과 함께 눈물이 나올 것이다.

목 근육의 긴장을 풀어라

사람들은 강도 높은 스트레스를 받았을 때 손으로 뒷목부터 잡는다. 스트레스를 받으면 가장 먼저 긴장되는 부분이 바로 뒷목이기 때문이다. 뒷목이 긴장되면 두개골 뒤쪽 아랫부분에 위치한 연수(호흡을 관장)라는 뇌 부위가 긴장해서 호흡이 얇고 짧아진다. 호흡이 원활하지 않으면 전신의 에너지 순환에 지장이 생기고, 머리로 열기가 모이는 역수승화강이 일어난다. 목은 수기운이 독맥을 타고 올라가는 길목이다. 뒷목 근육의 긴장은 수기운이 올라가는 것을 방해한다.

따라서 목 근육의 긴장을 풀어주는 것은 호흡을 안정시키고 수승화강을 회복하는 지름길이다. 평소에 수승화강이 잘 되게 하려면 자신의 목 근육이 긴장되어 있는지 이완되어 있는지에 관심을 가져야 한다. 머리로 열기가 모이고 목 근육이 긴장되어 있다고 느껴질 때 다음 동작을 따라 해본다.

목 스트레칭

1. 머리를 오른쪽으로 기울인 채 10초 정도 유지하면서 목의 왼쪽 근육을 늘여준다.
2. 반대로도 늘여준다.

3. 깍지 낀 두 손을 머리 뒤에 대고 머리를 아래로 숙여준다. 목 뒤쪽 근육뿐만 아니라 어깨와 등 근육까지 펴지는 것이 느껴질 것이다.

목 돌리기

1. 목을 오른쪽으로 천천히 3회 돌리면서 목 근육의 긴장을 풀어준다.
2. 반대쪽으로도 돌려준다.
3. 목을 뒤로 젖힌 상태로 머리를 좌우로 왔다 갔다 하면서 목 뒤쪽 근육의 긴장을 풀어준다.

뒷목 혈자리 누르기

머리와 목이 만나는 선을 따라 위치한 혈자리(아문, 천주, 풍지)를 차례로 눌러주거나 손가락으로 원을 그리듯 마사지해준다. 이곳의 긴장이 풀려서 호흡을 관장하는 뇌 부위인 연수의 기능이 활성화해 호흡이 깊고 편안해지는 모습을 상상해본다.

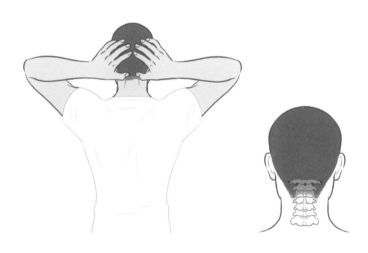

목뒤 근육 풀어주기

1. 한 손을 자신의 뒷목으로 가져간다.

2. 경추 바로 옆에 있는 근육을 손가락 끝으로 마사지하면서 풀어
   준다. 목뒤 근육의 맨 위에서부터 아래까지 섬세하게 충분히 풀
   어준다.

3. 손을 교차해서 반대쪽도 풀어준다.

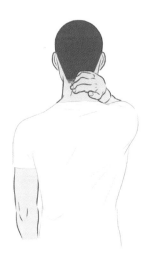

마무리 네 동작을 모두 한 후에 눈을 감고 자신의 몸과 에너지의 상태를 느껴본
다. 머리와 목, 얼굴의 열기가 내려간 느낌이 드는가? 목의 긴장이 풀어져 호흡이
깊어지고 안정되는 느낌이 드는가?
　머리와 목의 에너지 정체가 충분히 풀린 후에 그 상태로 한동안 호흡을 고르면
신장의 수기운이 머리로 올라와 머리가 점점 시원해지는 것을 체험할 수 있다. 입
에 침이 고인다면 수승화강의 상태로 회복되고 있다는 신호이다.

11장

마음의 힘을 키워라

여러 차례 강조했지만 '심생기心生氣', 마음의 상태가 곧 에너지의 상
태를 좌우한다. 마음의 상태에 따라서 호흡의 깊이와 질이 결정되고,
그 호흡에 따라서 에너지가 움직이기 때문이다. 불안한 마음은 호흡
을 얕고 짧게 만들어서 에너지의 순환을 방해하고, 편안한 마음은 호
흡을 깊고 길게 해서 전신의 에너지 순환과 균형을 가져온다. 우리의
몸 건강은 에너지의 순환과 균형에 좌우되고, 에너지 상태는 호흡에
좌우되며, 호흡은 마음의 상태에 좌우된다. 마음이 건강을 결정짓는
핵심이라 해도 지나치지 않다.

　그렇다면 언제나 편안한 마음 상태, 평정심을 유지하려면 어떻게
해야 할까? 어떤 상황에서도 흔들리지 않는 마음의 힘, 심력心力을 키
우면 된다. 마음의 힘은 우리 안에 숨겨진 초강력한 힘이라고도 할 수

있다. 심력은 무조건 마음을 강하게 먹는다고 해서 얻을 수 있는 것은 아니다. 너무 강한 마음은 자칫 아집이나 독선이 될 수 있기 때문이다. 심력을 키우려면 마음의 중심을 찾아야 한다. 마음의 중심이란 무엇일까? 그것은 진정한 자아自我라 할 수 있다. 심력을 이해하려면 진정한 자아가 무엇인지 알고, 그것을 마음의 중심으로 만들어야 한다.

마음의 중심을 찾고 심력을 키우는 것은 간단한 질문에서 시작된다. '나는 누구인가?' 이것은 매우 중요한 질문이고, 자신에게 진실하게 물어본다면 '나'라는 존재의 본질에 닿을 수 있도록 도와줄 것이다. 신분증이나 이력서에 채워 넣은 항목 정도로는 답을 얻을 수 없다. '나'의 진정한 자아는 내가 얻거나 성취한 것이 아닌 순수하고 변하지 않는 본성本性이기 때문이다. 본성은 아주 어렸을 때부터 이미 내 안에 있었고 생의 마지막 날까지도 함께할 것이다. '나'라는 존재의 이 부분을 느낄 수 있다면, 이미 마음의 힘을 찾아가고 있는 것이다.

누구에게도 무엇에도 영향받지 않고, 시시각각 변하지 않는 맑고 깊고 푸른 물처럼 내 안에 깃들어 있는 순수한 본성이 바로 진정한 '나'이다. 이 세상과 내 안의 다양한 감정들은 그 표면에 거친 파도를 일으키는 폭풍에 불과하다. 우리의 본성은 깊은 심연에 존재하는 고요한 물과 같다. 본성에서 나오는 심력이 있으면 우리는 최악의 상황에서도 똑바로 설 수 있다.

우리가 어떤 일이나 누군가 때문에 괴롭다고 느끼는 것은 우리의 주된 정체성인 본성(참나)에서 부차적인 정체성으로 초점을 전환했기 때문이다. 우리의 우선순위가 본성에 대한 관심에서 외부 세계에 대한 관심으로 바뀐 것이다. 부차적인 우선순위에 마음을 빼앗긴 채 살아가면 진정한 중심은 가려지고, 힘을 잃을 수밖에 없다.

물론 부차적인 것들이 중요하지 않다거나 거기에 마음을 쓰지 말라는 얘기가 아니다. 부차적인 것들은 말 그대로 부차적으로 다루면 된다. 먼저 자신의 본성에 중심을 굳건히 두고, 나머지는 인생이라는 여행을 위한 도구로 보면 된다. 부차적인 것들의 힘에 압도되어 중심이 흐트러져서는 안 된다.

사람들의 건강을 해치는 스트레스는 부차적인 것에만 집중할 때 잘 발생한다. '본성'과의 확고한 연결 없이 다른 사람들이 자신에 대해 어떻게 생각하는지, 어떻게 하면 자신이 원하는 물질적인 것을 얻을 수 있는지, 언제쯤 자신이 인정받을 것인지를 좇는 사람들이 많다. 당장 먹을 것과 살 곳이 여의치 않은 사람들에 대해서 말하는 것이 아니다. 우리 사회의 많은 사람들은 먹을 것이 넉넉하고, 안전한 곳에서 편안하게 잠을 청할 수 있는 안락한 보금자리가 있는데도 스트레스를 받는다.

돈이나 명예 같은 부차적인 것만으로 지속적인 만족을 느끼는 사람은 없을 것이다. 본성의 에너지를 개발해서 삶의 주요한 가치로 삼을 때라야 비로소 우리는 진정한 만족을 느낄 수 있다. 그러니 인생에서 덜 중요한 것들을 갖기 위해 자신의 중심 가치를 포기하는 일은 절대로 하지 말자.

본성과의 연결을 약화시키는 정보나 부정적인 영향은 우리 마음을 침범하는 해로운 에너지라고 볼 수 있다. 우리 몸에 면역 시스템이 있는 것처럼 마음의 면역력도 길러야 한다. 면역력은 세균이나 바이러스와 같은 유해한 미생물의 침입을 막아냄으로써 우리 몸의 항상성을 유지하는 능력이다. 마음의 면역력 또한 도움이 되지 않는 정보로부터 자신을 지키고, 자신이 가장 소중하게 여기는 가치에 집중하게 해서 마음의 평화를 유지시켜준다. 마음의 면역력은 어떠한 상황에서도 쉽게 흔들리지 않는 마음, 평정심을 유지할 수 있는 능력이다.

평소에 마음의 중심을 어디에 두고 있는가? 특별히 집중하고 있는 것이 있다면 그것이 마음의 중심이다. 끊임없는 스트레스나 불균형을 겪고 있고 그로부터 벗어날 방법을 찾을 수 없다면 마음이 부, 권력, 명예, 관계에 대한 집착 또는 부정적인 생각이나 감정 같은 부차적인 것들에 사로잡혀 있을 수 있다. 그것들은 계속해서 우리의 관심과 시간, 에너지를 소모시킨다. 이것을 해결하려면 부차적인 것들이 부차적인 위치에 있게 하는 법을 배워야 한다. 그렇다고 목표를 낮게 설정하라거나 큰 꿈을 꾸지 말라는 것은 아니다. 진정한 자아에 기준을 두고 마음의 중심을 설정하면 불필요한 고통에서 벗어날 수 있다는 말이다.

탐욕은 물질적인 것이든, 감정적인 것이든, 정신적인 것이든 삶에서 더 많은 것을 얻고자 하는 끝없는 욕망이다. 우리는 기본적으로 자신이 갖고 있지 않은 것들을 갈망한다. 그 욕구를 경계하지 않으면 우리를 마음의 중심에서 멀어지게 만드는 치명적인 힘으로 작용할 수 있다. 욕심을 충족시키는 것은 불가능하다. 계속 더 많은 것을 원하기 때문이다. 욕심은 우리가 지키고 싶은 사물과 사람에 대한 집착을 낳는다. 끊임없이 뭔가를 요구하는 탐욕과 집착을 들어주다 보면 결국은 그것이 우리 삶의 앞자리를 차지할 것이다.

더 많은 돈, 더 많은 지식, 새로운 인간관계가 우리를 더 행복하고 안전하게 만들 것 같지만 그것은 지속되지 않는다. 곧 그보다 더 크고 흥미진진한 일을 추구하기 위해 다시 불안해질 테니 말이다.

자신의 진정한 자아를 발견하고 마음의 중심이 확고한 사람은 외부 환경의 변화나 부정적인 정보에 흔들리지 않는다. 마음의 면역력이 강력하게 작용해서 평정심을 유지할 수 있다. 스스로를 점검해보자. '나는 지금 내 본성에 중심을 두고 있는가, 부차적인 욕망에 끌려다니고 있는가?'

그토록 꽉 붙들었던 부차적인 욕망을 버리면 마음의 중심을 잡을 수 있다. 텅 빈 마음자리, 끊임없이 커지는 탐욕에서 자유로운 무념무상의 자리에 비로소 평안이 찾아든다. 온갖 복잡한 욕망으로 가득 차 있는 상태에서 마음의 평화까지 바라는 것은 모순이다. 그러니 본성과 자신을 분리시키는 것들에서 벗어나 다시 중심을 찾을 수 있도록 최선을 다하자.

욕심이나 집착이 스스로를 불안하게 만든다는 것을 안다면, 잠시 멈추고 스스로에게 물어보자. '이것이 정말로 나에게 필요한가? 내가 진정으로 원하는 것인가?' 마음의 평화에 도움이 되지 않는 모든 것들, 즉 지위, 성공, 여가, 음식 등에 대한 과도한 탐욕을 버리자. 그런 다음 진정한 본성의 에너지를 개발하고, 마음의 중심으로 만들자. 그래야만 마음이 강해지고 수승화강의 에너지 균형을 통해 몸과 마음의 건강을 유지할 수 있다.

심력을 키우고 본성의 에너지를 보호하는 데에 명상이 도움을 줄 것이다. 명상을 시작하기 전에 먼저 내 마음의 힘이 어느 정도인지 점검해보자.

마음의 힘 점검하기

1. 환경의 변화나 외부의 정보에 많이 휘둘리는 편인가?

변화에 직면하거나 외부에서 부정적인 정보가 들어왔을 때 어떻게 반응하는가? 외부 자극에 영향을 받아 금방 기분이 안 좋아지거나 불안해지는가? 아니면 그러한 변화를 담담히 지켜보는가?

2. 부정적인 의식이 강한 편인가?

부정적인 의식은 외부에서 부정적인 정보가 들어와서 생기기도 하지만 자기 내부에서 만들어 내기도 한다. 어려운 상황을 맞닥뜨렸을 때, 자신의 미래가 불확실할 때, 부정적인 방향으로 생각과 감정을 계속해서 확장시키는 편인가? 아니면 자신을 다독이며 부정적인 정보를 버리고 긍정적이고 능동적인 마음 상태로 바꾸려고 애쓰는 편인가?

3. 자신에 대한 믿음이 있는가?

자기 자신에 대한 믿음이 있는가, 자신을 믿지 못해 불안해 하고 초조해 하는가? 다른 사람을 잘 믿고 타인에게 너그러운 편인가? 다른 사람들을 믿지 못하고 경계하는 편인가? 어려운 상황이 닥쳤을 때 흔들리지 않게 마음의 중심을 잡아주는 자신만의 믿음이나 가치관이 있는가?

집착 내려놓기 명상

1. 바닥이나 의자에 편하게 앉아서 허리를 곧게 편다. 손바닥이 하늘을 향하게 무릎에 올린 후 눈을 감는다.

2. 마음의 눈으로 가슴을 내려다본다. 가슴의 느낌이 어떤지 느껴본다. 마음이 편안하고 평화로운가, 답답하고 괴로운가? 좀 더 자세히 들여다보자. 당신을 괴롭히는 생각이나 감정에 붙들려 있는가? 아니면 생각이나 감정에 휩쓸리지 않도록 스스로를 조절할 수 있는가? 더 이상 괴로움을 겪고 싶지 않다면 이제 그것들을 놓아줄 때이다.

3. 코로 숨을 들이마시고, '후~' 하고 입으로 길게 내쉰다. 숨을 들이마실 때 신선한 공기와 에너지가 들어오고, 내쉴 때는 가슴속에 쌓아둔 욕심이나 집착, 부정적인 감정 에너지가 입 밖으로 나간다고 상상한다.

4. 숨을 쉴 때마다 마음속에 뒤엉켜 있던 집착에서 점점 벗어나는 모습을 떠올려보자.

5. 가슴이 후련하고 가벼워질 때까지 충분히 호흡한다. 무거운 에너지가 빠져나가면서 가슴이 열리고 편안해질 것이다.

참나의 에너지를 키우는 명상

1. 바닥이나 의자에 편하게 앉아서 허리를 곧게 편다.

2. 두 손의 에너지를 활성화한 후에 가슴 앞으로 가져간다. 가슴과 손바닥 사이를 5센티 정도 띄운다.

3. 손에서 따뜻한 힐링 에너지가 나와서 가슴으로 들어가는 모습을 상상한다. 진정한 자아인 참나, 본성을 향해 에너지를 보낸다. 에너지는 당신이 보내는 곳으로 가게 되어 있다.

4. 본성의 에너지가 점점 커지는 것을 느끼며 계속해서 가슴으로 에너지를 보낸다. 스스로에게 긍정적인 메시지를 보내며 본성의 에너지를 키울 수 있다. "지금도 잘 하고 있어. 고마워. 사랑해!"

5. 내 안의 본성이 단단하게 에너지의 구심을 만들어가는 것을 느껴본다.

에너지 캡슐 명상

1. 허리를 곧게 펴고 바닥이나 의자에 앉는다. 눈을 감고 손바닥을 얼굴 앞으로 가져간다. 손바닥과 얼굴 사이에 약 5센티 정도 공간을 둔다. 손바닥에서 나온 에너지가 얼굴로 들어간다고 상상한다. 얼굴에 따뜻한 열감이 전해지면서 얼굴 부위의 에너지가 활성화한다.

2. 손으로 천천히 원을 그리면 얼굴과 손 사이에 흐르고 있는 에너지장이 점점 증폭된다.

3. 얼굴 부위의 에너지 흐름이 막혀 있다면 얼굴에 에너지를 보낼 때 얼굴 근육을 최대한 활짝 펴서 늘여주면 좋다. 이마, 눈, 코, 입, 볼의 근육을 상하좌우로 활짝 펴준다. 입을 '아~' 하고 크게 벌려준다. 그러면서 계속해서 손바닥에서 나오는 힐링 에너지를 얼굴로 보낸다.

4. 이제 머리의 에너지장을 힐링해보자. 머리 주위에 에너지 헬멧을 씌우듯 천천히 손을 움직이며 에너지를 보내준다. 얼굴 근육을 스트레칭할 때와 마찬가지로 활짝 웃으면서 머리의 근육도 스트레칭한다. 머리의 앞쪽, 위쪽, 옆쪽, 뒤쪽까지 골고루 에너지를 보낸다. 머리의 에너지장이 힐링되고 튼튼해진다.

5. 다음은 한 손으로 반대쪽 팔 주위로 에너지를 보낸다. 에너지 장갑을 낀 것처럼 팔의 에너지를 증폭시킨다. 손을 바꿔서 에너지를 보낸다.

6. 가슴과 몸통으로 이동한다. 두 손을 가슴에서부터 아랫배까지 천천히 아래로 움직이면서 에너지장을 강화한다. 힐링이 필요하거나 에너지장이 약하다고 느껴지는 곳으로 손을 가져가 천천히 원을 그리면서 에너지를 집중적으로 보내준다.

7. 다리를 뻗고 아랫배에서부터 발끝까지 손을 천천히 움직이며 에너지장을 키운다. 다리의 앞쪽, 바깥쪽, 안쪽까지 구석구석 에너지장을 힐링하고 쓰다듬어준다.

8. 이제 천천히 명상 자세로 앉는다. 손바닥을 위로 향하게 해서 두 손을 무릎 위로 10센티 정도 올린다. 겨드랑이와 팔이 붙지 않도록 공간을 두고, 손가락 사이도 벌려준다.

9. 눈을 감은 채 허리를 곧게 세운다. 몸 주위를 둘러싸고 있는 에너지장이 커지는 것을 상상하고 느껴본다. 에너지장이 점점 확장되어 지구만큼 커지는 모습을 떠올려본다.

10. 이제 정수리에 위치한 '백회百會'라는 혈자리와 양 손바닥으로 우주의 에너지가 쏟아져 내려오는 것을 상상한다. 백회에서 아랫배까지 에너지 기둥이 형성되는 것을 느끼며 우주의 에너지를 충전받는다.

마무리 명상 자세를 그대로 유지하면서 몸의 에너지 상태를 느껴본다. 배가 더 따뜻하고, 가슴이 더 편안하고, 머리가 더 시원해진 것이 느껴지는가? 호흡이 더 편안해지고 깊어지고 안정된 것이 느껴지는가? 에너지의 중심축이 생기고 마음의 힘이 커진 것이 느껴지는가?

이 에너지 캡슐 명상을 하루에 한 번은 해볼 것을 권한다. 우리는 매일 식사를 통해 몸에 필요한 영양분과 칼로리를 보충하지만 그것만으로는 부족하다. 우리 마음의 중심축을 강화하고 세 개의 에너지 센터를 강화하려면 매일 우주의 근원적인 생명 에너지로 재충전하는 시간이 필요하다. 그럴 때 삼시 세끼로도 채워지지 않는 허기가 비로소 채워지는 것을 느끼게 될 것이다. 우리의 에너지는 한정되어 있기 때문에 사용하면 방전되지만, 우주의 에너지는 무한하기 때문에 필요하면 언제라도 충전받을 수 있다. '에너지는 마음이 가는 대로 움직인다!' 이 대원칙을 다시 한 번 되새기기 바란다.

12장

수승화강을 생활화하라

지금까지 수승화강을 방해하는 세 가지 요인인 스트레스로 과열된 머리, 꽉 막힌 가슴, 하단전의 약화를 해결할 수 있는 구체적인 방법들을 소개했다. 그리고 에너지의 균형을 회복하기 위한 궁극적인 도구로 마음의 힘을 키워주는 명상을 제시했다. 이제 책에 소개한 원리와 방법들을 토대로 자신만의 수승화강 루틴을 만들어볼 차례이다.

책에 제시한 방법들은 모두 효과가 강력하지만 가짓수가 많아서 모든 방법을 매일 다 하기는 부담스러울 것이다. 그러니 자신에게 가장 효과적이고 자신의 상황에 맞는 방법을 몇 가지 골라서 자신만의 수승화강 루틴을 만들어보면 어떨까?

하루 24시간은 우리 삶에서 가장 중요한 시간 단위이다. 우리는 1주일, 1개월, 1년, 5년, 10년 등 여러 시간 단위를 기준으로 목표를

정하지만 실천하겠다고 마음먹었다면 하루만큼 중요한 시간 단위가 없다. 건강도 마찬가지이다. 건강의 기본은 오늘 하루를 어떻게 살아가느냐에 달려 있다. 하루를 소홀히 하면 며칠이 그냥 지나가버린다. 그래서 생활리듬을 회복하기가 더 어려워진다. 평생이라면 엄두조차 나지 않겠지만 건강한 하루 보내기 정도는 누구나 노력하면 가능한 일이다. 그러니 당장 몸과 마음을 수승화강 상태로 만드는 연습을 시작해보자. 수승화강을 내 삶에 적용하는 가장 확실한 방법은 하루 일과에 수승화강 루틴을 만들어서 매일 반복하는 것이다.

수승화강 루틴을 만들 때는 다음 세 가지 요소를 순서대로 포함시키자.

첫째, 에너지가 막힌 곳을 뚫는다.
둘째, 아랫배를 따뜻하게 한다.
셋째, 호흡을 조절한다.

막힌 곳을 뚫는 것은 청소하는 것과 비슷하다. 보일러의 배관이 막혀서 순환이 안 되면 펌프를 돌리기 전에 먼저 막힌 곳부터 뚫는 것이 상책이다. 우리 몸에도 같은 원리가 적용된다. 에너지가 주로 막히는 부위인 뒷목, 가슴, 중완을 풀어주는 수련을 먼저 한다. 시간이 충분하다면 근육과 관절을 풀어주는 스트레칭을 하고 나서 실시하면 더 좋다.

막힌 곳을 뚫어서 풀어준 뒤에는 아랫배를 따뜻하게 해준다. 단전치기, 장운동, 배꼽힐링 등이 도움이 될 것이다. 아랫배의 온도를 높이면 모든 장기의 기능이 좋아지고, 면역 기능이 강화되며, 몸 안에서 에너지가 자연스럽게 순환한다. 과열된 뇌도 저절로 진정된다. 아랫배를 따뜻하게 한 후에는 호흡을 한다. 깊고 안정되게 호흡하면서 몸에서 일어나는 생명현상을 관찰하다 보면 생각과 감정이 저절로 잦아들면서 마음이 안정될 것이다.

목·가슴·중완을 풀어 에너지의 파이프라인을 열어주고, 아랫배를 움직여 아래쪽의 열펌프가 잘 작동하게 하고, 호흡을 잘 조절해서 에너지의 흐름이 뒤집히거나 단절되지 않도록 한다. 그러면 수승화강이 저절로 되어 몸과 뇌가 잘 기능할 수 있는 최적의 생명 환경이 만들어진다. 스트레스로 역수승화강 상태가 되었을 때도 이 기본 원칙을 순서대로 적용하면 빠르게 정상 상태를 회복할 수 있다.

수승화강 루틴을 아침용, 저녁용, 취침용으로 구성해보았다. 책에서 소개한 다른 수승화강 운동법을 활용하거나 이미 실행하고 있는 운동을 결합하여 자신만의 수승화강 루틴을 만들어보는 것도 좋다.

수승화강을 위한 아침 루틴은 그날 하루를 활력 있게 지낼 수 있는 에너지를 줄 것이다. 간신히 일어나서 쫓기듯이 헐레벌떡 시작하는 하루와, 자신의 몸과 교류하는 시간을 갖고 시작하는 하루에는 큰 차이가 있다. 아침에 20분 정도 시간을 내어 수승화강을 위한 아침 루틴을 경험해보기 바란다. 아침에는 출근하느라 너무 바빠서 도저히 시간을 낼 수 없다면 최소한 저녁시간만큼은 확보하자. 스트레스 관리의 전략은 가능한 한 스트레스를 덜 받고, 이미 받은 스트레스는 최대한 빨리 해소하는 것이다. 그러니 그날의 스트레스를 잠자리까지 끌고 가지 말자.

잠들기 전에 자신의 에너지를 정화하고 정돈하는 시간을 갖는 것은 아주 중요하다. 특히 부정적인 감정 상태에서 잠드는 것은 좋지 않다. 부정적인 감정 에너지가 해소되지 않고 쌓이면 임맥이 막히고, 해소되는 데에도 시간이 오래 걸린다. 반 농담으로 자기 전에 샤워는 하지 않더라도 에너지를 정화하는 시간은 꼭 가지라고 말할 정도로 에너지 관리는 중요하다. 몸만 씻을 것이 아니라 피로하고 탁해진 그날의 에너지 샤워도 필요하다. 수승화강을 위한 저녁 루틴과 숙면을 위한 취침 전 루틴은 하루 동안 쌓인 피로를 풀고, 편안한 몸과 마음으로 균형 잡힌 에너지 상태에서 잠들 수 있도록 도와줄 것이다.

활기찬 하루를 여는 아침 루틴

아침 루틴은 밤새 누워 있어서 정체된 몸의 에너지를 순환시키고 활성화하여 활력을 증진시키는 동작으로 구성된다. 동작을 마친 다음에는 하루를 준비하는 에너지 캡슐 명상을 통해 몸과 마음에 활력을 불어넣는다.

1. 늘이기

몸의 옆면, 앞면, 뒷면을 늘여주는 기본 동작으로 구성되어 있다.

옆구리 늘이기

팔을 옆으로 쭉 뻗으면 몸의 측면을 따라 흐르는 담경을 자극할 수 있다.

1. 양손으로 깍지를 끼고 손바닥이 위쪽을 향하게 해서 머리 위로 최대한 높이 들어올린다.
2. 팔을 쭉 뻗은 채로 몸을 오른쪽으로 기울인다.
3. 왼쪽 측면이 늘어나는 것을 느끼며 5초간 자세를 유지한다.

4. 원위치한 후에 반대쪽도 실시한다.

가슴과 등 근육 늘이기

가슴의 중앙을 흐르는 임맥과 등의 중앙을 흐르는 독맥을 풀어주는 데에 효과적인 동작이다.

1. 양발을 어깨너비로 벌리고 무릎을 살짝 굽힌 채로 몸의 균형을 잡아준다.
2. 깍지 낀 두 손을 머리 뒤에 대고 머리와 상체를 뒤로 젖혀준다.
3. 양쪽 팔꿈치를 활짝 펴서 뒤로 젖히면서 가슴을 앞으로 밀어 준다.

4. 이제 반대로 팔꿈치를 모으고 머리와 상체를 앞으로 숙이며 뒷목과 척추, 등 근육을 늘여준다.

5. 두 가지 동작을 번갈아 가며 3회씩 실시한다.

허리 숙여 다리 뒤쪽 늘이기

머리에서부터 발끝까지 우리 몸의 뒷면을 흐르는 방광경을 효과적으로 자극하는 동작이다.

1. 두 다리를 모으고 선 자세에서 엉덩이를 뒤로 빼면서 깍지 낀 두 손을 앞쪽(손바닥이 바깥을 향함)으로 멀리 밀어준다.

2. 이 자세를 5초간 유지하면서 다리 뒤쪽이 늘어나는 것을 느껴본다.

3. 깍지 낀 손을 계속 바깥쪽으로 밀면서 천천히 바닥을 향해 내린다. 손을 최대한 바닥 쪽으로 밀면서 다리 뒤쪽이 늘어나는 것을 느껴본다.

4. 자세를 5초간 유지한 뒤 천천히 원위치한다.

2. 관절 돌리기

경혈이 많이 모여 있고 에너지가 정체되기 쉬운 관절들을 돌려줌으로써 에너지 순환을 도울 수 있다. 관절과 주변 근육 등 자신의 몸 상태를 느끼면서 천천히 그리고 최대한 큰 원을 그리며 관절을 돌리는 것이 핵심이다. 각 관절별로 적당한 횟수를 적어 놓았지만 이에 얽매일 필요는 없다. 기본적으로 자신의 몸 상태에 맞게 하면 된다.

목 돌리기

1. 시선은 정면에 두고 목을 오른쪽, 왼쪽으로 차례로 기울이며 목의 측면을 늘여준다.

2. 턱을 가슴 쪽으로 당기면서 뒷목을 늘여주고, 가볍게 고개를 뒤로 젖혀 목 앞쪽을 늘여준다. 자신의 몸에 맞게 무리하지 않는다.

3. 목을 오른쪽 천천히 3회 돌린다. 반대 방향으로도 돌린다.

어깨 돌리기

1. 어깨를 위아래로 가볍게 툭툭 털어준다.

2. 어깨를 최대한 위로 올렸다가 뒤로, 아래로, 앞으로, 다시 위로 올리기를 반복하며 어깨를 돌린다.

3. 앞에서 뒤로 5회, 뒤에서 앞으로 5회 실시한다. 어깨 관절뿐만 아니라 어깨와 목, 가슴, 등 근육까지 자극이 가도록 크게 원을 그리며 돌려준다. 목과 어깨에 힘이 들어가지 않도록 주의한다.

손목 돌리기

1. 몸 앞으로 팔을 쭉 뻗어 손
   목을 천천히 돌려준다. 주
   먹을 가볍게 쥐고 손목을
   돌려도 된다.
2. 안에서 바깥쪽으로 10회,
   바깥에서 안쪽으로 10회를
   돌린다. 어깨에 힘이 들어
   가지 않도록 주의한다.

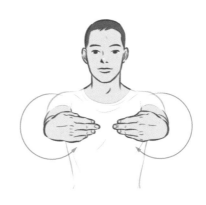

허리 돌리기

1. 자리에 서서 양손을 허리
   에 대고 상체를 숙이면서
   큰 원을 그리며 허리를 돌
   린다. 고관절과 엉덩이 근
   육에 자극이 가고 스트레
   칭이 되는 것을 느껴본다.
2. 좌우로 각각 5회씩 실시
   한다.

무릎 돌리기

1. 두 무릎을 모으고 가볍게 굽힌다.
2. 양손을 무릎 위에 올리고 오른쪽
   으로 5회, 왼쪽으로 5회 돌린다.
3. 이번에는 안에서 바깥쪽으로 원
   을 그리며 5회, 밖에서 안쪽으로
   5회 돌린다.

발목 돌리기

1. 오른발 뒤꿈치를 든 상태에서 안
   에서 바깥쪽으로 발목을 천천히
   5회 돌린다.
2. 밖에서 안쪽으로 5회 돌린다.
3. 반대쪽 발도 실시한다.

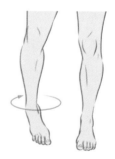

3. 두드리기

전신 두드리기

두드리기 동작은 혈액순환을 돕고 활력을 충전하는 데에 도움이 된다. 열두 개의 경락을 따라 몸 구석구석을 두드리면서 자극을 주고 몸의 세포를 깨워보자. 전신 두드리기를 하는 순서는 다음과 같다.

1. 손바닥을 위로 향하게 해서 왼팔을 들어 올린다. 오른손으로 왼쪽 어깨에서부터 손바닥까지 내려오며 차례로 두드려준다.
2. 손바닥을 아래로 향하게 해서 손등부터 어깨까지 두드려준다.

3. 엄지손가락을 위로 향하게 해서 어깨에서부터 엄지손가락까지
   차례로 두드려준 후에, 다시 새끼손가락에서 겨드랑이까지 두
   드려준다.

4. 반대쪽도 같은 방식으로 두드려준다.

5. 이제 양손으로 가슴을 두드리며 임맥을 열어준 다음, 배 왼쪽의
   위장 부위와 배 오른쪽의 간 부위를 두드린다.

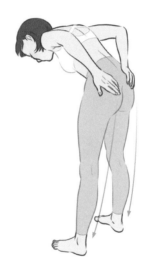

6. 상체를 앞으로 숙여서 허리 뒤쪽의 신장 부위를 두드리고 엉덩
   이를 두드린 후에 다리 뒤쪽을 따라 두드리며 발뒤꿈치까지 내
   려온다.

7. 발등에서부터 시작해서 다리의 앞쪽을 두드리며 올라온다.

8. 다시 고관절에서부터 시작해서 다리 옆선을 따라서 두드리며 발목까지 내려간다.
9. 발목 안쪽에서부터 시작해서 다리의 안쪽 선을 따라서 두드리며 올라온다.

단전치기

전신 두드리기를 한 후에 바로 이어서 단전치기를 한다.

1. 무릎을 약간 굽히고 양 손바닥으로 단전을 쳐준다. 단전에서 '팡 팡!' 소리가 날 정도로 힘차게 쳐준다. 주먹으로 두드려도 된다.
2. 100회 정도로 시작해서 점차 횟수를 늘려간다.
3. 양손을 단전에 대고 시계 방향으로 쓸어준다. 단전에 따뜻한 열 감을 느껴본다.

4. 에너지 캡슐 명상

명상 자세로 앉아서 호흡을 고른다. 아랫배가 자연스럽게 팽창했다 수축하기를 반복하면서 숨이 아랫배까지 깊숙이 들어오는 것을 느껴본다. 온몸의 세포가 조금씩 깨어나고 몸의 에너지가 서서히 활성화하는 것을 느껴본다.

먼저 양 손바닥을 들어 얼굴을 향해 에너지를 보낸다. 밝은 에너지로 하루를 시작할 수 있도록 활짝 미소를 지으며 얼굴 근육을 움직여 준다. 얼굴을 최대한 활짝 폈다가 코를 중심으로 최대한 오므리기를 반복하면서 가능한 한 얼굴 근육을 많이 움직이며 늘여준다. 머리에서부터 발끝까지 온몸 구석구석에 에너지를 보내면서 에너지장이 강해지는 것을 상상한다. 에너지 캡슐에 싸여 있는 자신의 모습을 구체적으로 떠올리면서 밝고 강한 에너지를 충전하고 순환시킨다. 이제 몸과 마음이 오늘 하루를 활기차게 시작할 준비가 되었다. 나에게 주어진 오늘 하루에 감사하며 스스로에게 긍정적이고 희망찬 메시지를 주는 것도 잊지 말자. "고마워. 사랑해. 오늘도 좋은 하루가 될 거야."

하루의 피로를 풀어주는 저녁 루틴

저녁 루틴은 하루의 피로와 긴장을 풀어주는 스트레칭, 깊은 호흡을 이끄는 배꼽힐링과 중완힐링, 에너지 캡슐 명상으로 구성되어 있다. 하루 동안 몸과 마음에 쌓인 스트레스를 잘 풀어야 편안한 저녁을 보낼 수 있고, 다음날도 잘 맞이할 수 있다. 작은 실천이지만 꾸준히 해보자.

1. 스트레칭

어깨 늘이기

1. 무릎을 꿇고 양손으로 바닥을 짚어 엎드린다. 이때 발등을 세워준다.

2. 손을 앞으로 쭉 뻗어 상체를 숙인다. 가슴을 최대한 낮추고 턱을

바닥에 댄다.

3. 20초 정도 자세를 유지하면서 어깨와 가슴이 펴지는 것을 느껴
본다.

굴렁쇠

1. 두 무릎을 세우고 양손으로 다리를 감싸 안거나 양 무릎을 잡
는다.

2. 등을 동그랗게 말아서 척추가 바닥에 닿도록 몸을 굴려준다. 꼬
리뼈부터 척추 마디마디가 골고루 자극될 수 있도록 천천히 구
른다.

3. 일어날 때는 반동을 주지 않고 아랫배에 힘을 줘서 일어난다.

4. 10회 정도 반복한다.

주의할 점　바닥이 딱딱하면 아플 수 있으니 담요나 매트 위에서 하는 것이 좋다.
구를 때 목에 무리가 가지 않도록 턱을 살짝 당기고, 다리 반동을 주어 다리를 과하
게 머리 뒤로 넘기지 않도록 한다. 굴렁쇠가 잘 안 되는 경우, 허벅지 뒤쪽을 잡고
구르면 일어나기가 쉽다.

엉치뼈로 바닥 치기

1. 등을 대고 누워서 무릎을 세운다. 손은 편안하게 바닥에 내려놓는다.
2. 누운 상태에서 엉덩이로 바닥을 가볍게 툭툭 친다. 너무 세게 치지 않도록 주의한다.
3. 30회 정도 실시한 후, 엉덩이의 자극이 퍼져 나가는 것을 잠시 느껴본다.

누워서 무릎 당기기

1. 등을 대고 누워서 무릎을 구부린다. 깍지 낀 손으로 무릎을 잡는다.
2. 무릎을 가슴 쪽으로 끌어당겼다 놓아주는 동작을 10회 반복한다. 숨을 들이마시면서 풀어주고 내쉬면서 당긴다.
3. 이번에는 숨을 들이마셨다 내쉬면서 무릎을 가슴 쪽으로 최대한 끌어당기는 동시에 머리를 가슴 쪽으로 들어올린다. 등이 펴

지는 것을 느끼며 5초간 유지하고, 숨을 들이마시면서 풀어준다.

4. 3~5회 반복한다.

엎드려서 상체 들어올리기

1. 바닥에 엎드려 눕는다. 두 발은 골반너비로 벌리고, 팔꿈치를 구
   부려 양손으로 가슴 옆의 바닥을 짚는다.

2. 숨을 들이마시며 바닥을 밀면서 팔꿈치를 펴서 상체를 세운다.

3. 숨을 내쉬면서 배, 가슴, 이마의 순서로 바닥에 내려놓는다.

4. 숨을 들이마시면서 다시 상체를 세우고, 머리와 가슴을 뒤로 젖힌다. 목, 가슴, 고관절, 허리가 펴지는 것을 느끼면서 5초 정도 유지한다.

5. 숨을 내쉬면서 배, 가슴, 이마의 순서로 바닥에 내려놓는다.

주의할 점 팔꿈치는 바깥쪽으로 벌어지지 않도록 가슴 옆에 붙인다. 무리하지 않고 자신의 몸 상태에 맞게 상체를 세운다. 어깨는 낮추고 힘이 들어가지 않도록 한다. 요추에 무리가 가지 않도록 아랫배에 힘을 준다.

2. 배꼽힐링과 중완힐링

1. 의자나 바닥에 편안하게 앉는다.

2. 손이나 도구를 활용해서 배꼽을 100회 정도 펌핑한다.

3. 숨을 내쉬면서 배꼽 부위를 깊숙이 누르고 5초 정도 숨을 참은 다음, 숨을 들이마시면서 풀어주고, 숨을 들이마신 채 5초 동안 숨을 참는다. 5~10회 반복한다.

4. 이번에는 손이나 도구를 활용해서 중완을 100회 정도 펌핑한다.

5. 숨을 내쉬면서 중완 부위를 깊숙이 누르고 5초 정도 숨을 참은 다음, 숨을 들이마시면서 풀어주고, 숨을 들이마신 채 5초 동안 숨을 참는다. 5~10회 반복한다.

6. 도구를 내려놓고 편안하게 호흡한다. 장이 풀리면서 호흡이 깊
   어진 것을 느껴본다.

3. 에너지 캡슐 명상

명상 자세로 앉아서 호흡을 고른다. 아랫배가 자연스럽게 팽창했다
수축하기를 반복하면서 호흡이 깊어지는 것을 느껴본다.

손으로 얼굴에 기운을 보낼 때 얼굴 근육을 활짝 스트레칭해주면
서 자신에게 밝고 긍정적인 에너지를 보낸다. 피로한 장기들이나 신
체 부위가 있으면 그곳의 에너지장을 보수한다는 마음으로 집중적
으로 힐링 에너지를 보내준다. 온몸의 에너지장을 골고루 어루만지
면서 하루 동안 수고한 자신에게 위로와 격려를 보낸다. '오늘 하루
도 수고했어. 고마워. 사랑해.' 에너지 캡슐의 형태가 점점 완전해지
고 충만해지는 모습을 상상한다. 충만해진 에너지 속에서 호흡한다.

숙면을 위한 취침 전 루틴

누워 있어도 쉬 잠이 오지 않거나 자다가 자주 깨는 사람들을 위한 꿀잠 루틴으로 스트레칭과 에너지 캡슐 명상으로 구성되어 있다. 머릿속에 떠도는 어지러운 생각들은 아랫배로, 발끝으로 내려주자. 생각이 끊어지고 호흡이 깊어지면 숙면에 들 수 있다.

1. 스트레칭

모관운동

1. 바닥에 등을 대고 편하게 눕는다.
2. 무릎을 세운 뒤 팔과 다리를 들어 올린다.
3. 팔과 다리의 힘을 풀고 진동하듯 가볍게 털어준다. 20초 정도 지속하다 팔과 다리를 내려놓고 휴식을 취한다. 2~3회 반복한다.
4. 마지막에는 좀 더 빠르게 털어주다가 팔과 다리를 가볍게 털썩 내려놓는다.
5. 내쉬는 숨을 길게 하며 편안하게 호흡한다.
6. 손끝과 발끝이 찌릿찌릿한 것을 느껴본다.

엉치뼈로 바닥 치기

1. 등을 대고 누워서 무릎을 세운다. 손은 편안하게 바닥에 내려놓는다.

2. 누운 상태에서 엉덩이로 바닥을 가볍게 툭툭 친다. 너무 세게 치지 않도록 주의한다.

3. 30회 정도 실시한 후, 엉덩이의 자극이 퍼져 나가는 것을 잠시 느껴본다.

발끝치기

1. 자리에 누워 팔과 다리를 편안하게 내려놓고 눈을 감는다.

2. 어깨, 팔, 다리 등 몸 전체를 살랑살랑 움직여 몸의 긴장을 풀어준다.

3. '후~' 하고 숨을 길게 내쉰다.

4. 발뒤꿈치를 붙이고 발끝을 '탁탁탁' 부딪친다.

5. 100회 정도 실시한다. 속도나 강도는 자신의 몸에 맞게 조절하되 쉬지 않고 반복하는 것이 중요하다. 익숙해지면 가능한 만큼 횟수를 충분히 늘린다.

6. 동작을 멈추고, 몸 안에 흐르는 미세한 진동을 느껴본다. 머리에 있던 화기가 발끝으로 내려오는 것을 느껴본다.

7. 아랫배에 마음을 모으고 천천히 심호흡을 세 번 한다.

2. 에너지 캡슐 명상

눈을 감은 채로 머리끝에서부터 발끝까지 신체 부위에 집중하면서 긴장을 내려놓는다. 숨을 들이마시고 내쉬는 숨을 통해 긴장과 피로가 빠져나간다고 상상한다.

먼저 얼굴의 긴장을 풀어준다.
정수리 – 이마 – 눈 – 코 – 입술 – 턱

상체의 긴장을 풀어준다.
목 – 어깨 – 팔꿈치 – 손목 – 손바닥 – 손끝 – 가슴 – 윗배 – 아랫배

하체의 긴장을 풀어준다.

고관절 – 엉덩이 – 허벅지 – 무릎 – 종아리 – 발목 – 발바닥 – 발끝

머리끝 정수리부터 발끝까지 온몸이 편안해진다. 이완된 몸 주위로 에너지장이 강해진다. 에너지 캡슐 속에서 편안하게 호흡한다.

Part 3

성찰

13장

개인의 수승화강을 넘어서

나는 올봄부터 뉴질랜드 케리케리 시에 있는 얼스빌리지에 머물고 있다. 얼스빌리지에서 이곳을 찾는 사람들이 건강, 행복, 평화를 자급자족할 수 있는 자연건강법과 자연친화적인 삶의 기술들을 충분히 경험할 수 있도록 주거 공간과 학교 설립을 준비하고 있다. 뉴질랜드 전체가 팬데믹으로 멈춰버린 상황에서 나 또한 격리된 생활을 했다. 나는 고독을 사랑하고, 혼자 있는 시간이 필요한 사람이다. 그런데 갑자기 얼스빌리지를 찾아오던 이들의 발길이 뚝 끊기자 사람들이 참으로 그리웠다. 팬데믹이 언제까지 지속될지, 전 세계를 휩쓸고 있는 불안과 두려움이 우리를 어디까지 몰고 갈지, 팬데믹이 앞으로 우리 삶과 지구를 어떻게 바꾸어놓을지 많은 우려와 걱정으로 마음이 무거웠다. 그런 나를 위로해준 것은 자연이었다.

이른 아침 신선한 공기를 가슴 가득 들이마시며 얼스빌리지의 숲길을 한참 걷다보면, 계곡에 앉아 흐르는 물소리와 내 호흡에 귀를 기울이다 보면, 내 몸은 수승화강의 균형을 이루고 내 마음은 타오^{Tao}의 눈을 뜬다. 역동적인 변화 속에서도 만물에 균형과 조화를 가져다주는 대자연의 힘과 생명력이 내 안에, 우주에 가득 차 있음을 느낀다. 그 힘은 우리를 단 한 순간도 떠난 적이 없음을 느낀다.

자연의 대생명력은 우리가 생기와 활력에 넘치는 순간에만 함께하는 것이 아니다. 세계가 걷잡을 수 없는 혼돈에 휩쓸리고 우리가 패닉 상태에 빠져 있을 때도, 우리가 삶과 죽음의 경계를 왔다 갔다 하는 그 순간에도 그 힘은 우리와 함께하고 있다. 우리 몸속에 흐르고 있고 모든 만물을 연결시켜 주는 그 힘을 생생하게 느낄 때, 우리의 건강과 공동체의 안녕이 회복될 수 있다.

내 안의 생명을 느낄 때

눈을 감고 고요히 앉아 호흡을 고를 때, 우리 몸에서는 수승화강의 생명현상이 왕성해지며 우리 안의 자연이 깨어난다. 원래부터 존재했던 것, 만들어지지 않은 것, 길들여지지 않은 것, 우리가 살면서 만든 '나'라는 브랜드 너머에 있는 우리의 본질이 드러난다. 우리가 세상에 태어나서 인위적으로 만든 모든 것, 직업, 돈, 인간관계, 성공 이런 것도 소중하고 가치 있지만, 그런 가치가 늘어나고 줄어드는 부침에 상관없이 그냥 있는 그대로의 나 자신, 본래부터 내 몸 안에 존재하는 생명의 가치와 소중함에 눈을 뜨게 된다.

정교하게 가지치기한 정원의 나무도 예쁘지만, 들판에 아무렇게 나 자란 나무에서는 정원수와 다른 고유의 아름다움이 느껴진다. 그런 나무들은 편안함을 준다. 인위적이지 않기 때문이다. 들판의 나무 한 그루 한 그루가 고유의 아름다움으로 빛나듯이, 우리 안의 자연이 살아날 때 드넓은 이 세상에 다른 어느 생명체와도 다른, 고유하고 유일한 존재로 살아 있는 '참나'가 느껴진다. 생명의 기쁨, 내가 존재하는 데에서 오는 기쁨이 가슴을 가득 채운다. 또한 생명이 그 어떤 조건도 없이 내게 주어졌다는 것을 느끼고 내게 주어진 생명에 대해 진심으로 감사하게 된다. 나는 다른 사람들과 분리되어 독립된 존재로 살아가지만 생명을 통해 모든 것과 연결되어 있다는 것을 온몸으로 느끼게 된다. 그 절절한 생명의 느낌으로부터 만물과 만인이 안녕하고 평화롭기를 바라는 마음이 우러나온다.

내 안에 흐르는 생명을 생생하게 느낄 때 전해지는 기쁨과 충만함과 감사함, 조건 없는 자신에 대한 절대적인 사랑에는 대단한 치유의 힘이 있다. 생명의 느낌이 우리에게 주는 모든 존재와의 깊은 연결감은 우리에게 우리 자신과 다른 사람들을 진심으로 용서하고 사랑할 수 있는 힘을 준다. 다른 사람들에게서 받은 실망과 상처를 녹이고 인간관계에서 오는 갈등과 고통, 집착을 넘어설 수 있게 해준다.

우리 안의 생명이 깨어날 때 우리는 진정으로 자기 인생의 주인이 될 수 있고, 자신의 건강과 행복을 스스로 창조할 수 있다. 우리 모두에게는 자연으로부터 선물받은 조화와 균형의 감각이 있다. 우리 몸에 내재된 이 감각 덕분에 수승화강의 균형이 깨졌음을 알아차리고 이를 회복하기 위해 노력하는 것이다. 자기 자신의 몸과 마음에 귀를 기울이면 조화와 균형의 감각이 우리에게 지금 무엇이 필요한지, 무엇을 해야 할지 알려준다. 이 감각이 자기 자신뿐 아니라 전체에게 이로운 선택을 할 수 있도록 우리를 이끌어준다.

에너지의 균형을 회복하는 시간 확보하기

바쁜 일상에 빠지다 보면 우리 안의 자연을 잃어버리고 자기의 감정, 생각, 습관, 스토리만 기억하기 쉽다. 자신의 생명을 느끼지 못하면 하루 종일 바쁘게 일하고 많은 것을 생산해내는 것 같지만 내적인 만족감이 들지 않는다. 생명 자체에서 오는 기쁨을 잃어버리고 그것을 다른 사람들이나 물질적인 것으로 채우려 하지만, 잘 알다시피 우리는 내적인 기쁨과 만족이 없는 삶을 견디기 힘들다. 내적인 기쁨이 없는 날이 많아지면 사는 것이 아니라 시간을 견디거나 때우는 것처럼 느껴진다. 마음이 이런 상태에 오래 머물면 몸의 에너지 흐름이 뒤집혀 역수승화강이 된다.

그래서 우리는 반드시 일상 안에 자신의 본질과 연결되는 시간을 확보해야 한다. 자기 안에 있는 자연을, 생명을 만나는 시간을 가져야 한다. 우리 안의 자연은 만들어진 것이 아닌 원래부터 존재했던 것이기에 결코 파괴될 수 없다. 우리 안의 자연과의 연결이 잠시 끊어질 수는 있지만, 그 연결이 사라질 수는 없다. 그러니 마음을 내서 그 연결을 다시 회복하면 된다.

이 책에 소개된 수승화강의 모든 수련법들은 당신 안의 자연, 당신 안의 생명, 당신의 본성과 연결하는 시간을 갖기 위한 것이다. 조용히 들고 나는 숨을 느끼거나 활기차게 몸을 움직이며 심장박동의 리듬과 기분 좋은 근육의 뻐근함을 느끼는 것, 이렇게 자신의 생명현상에 집중하는 것만으로도 그 연결을 회복할 수 있다.

나는 당신이 당신 안의 놀라운 생명현상인 수승화강을 더 많이 경험함으로써 건강과 행복을 스스로 창조할 수 있기를 진심으로 바란다.

지구도 수승화강이 필요하다

사람뿐만 아니라 자연도 수승화강이 필요하다. 우리가 역수승화강 상태에 있을 때 몸이 아프고 마음이 불편한 것처럼, 자연도 순환이 안 되고 균형이 깨지면 아프고 고통받는다. 자연도 살아 있는 생명체이기 때문이다. 우리 몸에 스스로 균형과 조화를 회복하는 자연치유력이 있지만 이 힘을 억압하는 방향으로 생활하면 병을 피할 수 없다. 자연도 놀라운 자정능력을 가지고 있지만, 우리는 우리가 자연에 낸

상처들이 아물 틈을 주지 않고 계속 더 깊고 큰 상처를 낸다. 지금 지구는 만성적인 역수승화강 상태로 번아웃이 되어가고 있다.

대표적인 지구의 역수승화강 현상이 온도 균형이 깨지는 온난화 현상이다. 온난화로 사막화가 확산되고, 빙하가 녹아내리고, 해수면이 상승하고, 이상기후 현상이 나타나고, 생태계가 파괴되는 등 지구는 엄청난 스트레스로 몸살을 앓고 있다. 인간의 지나친 욕심으로 지구가 겪는 고통은 부메랑이 되어 다시 인간에게 돌아온다. 기후 변화로 산불, 가뭄, 홍수 등 극단적인 기상 현상이 자주 발생하면 야생동물들은 서식지를 잃고 사람이 사는 주거지나 목축지로 이동한다. 결과적으로 사람들이 바이러스에 감염될 가능성은 더 커진다.

이러한 지구의 역수승화강 현상을 일으킨 주체는 바로 우리 인간이다. 극심한 스트레스와 물질주의적인 생활로 본성의 감각을 잃어가고 있는 사람들이 늘어나면서 인류의 역수승화강은 갈수록 심각해지고 있다. 우리의 뒤집힌 에너지 상태는 인간생활의 모든 활동에 그대로 투영된다. 먼저 인간관계부터 삐그덕거린다. 가슴과 머리에 화기가 몰려 있으면 자기도 모르게 마음으로든 말로든 행동으로든 화 에너지가 다른 사람들에게 튀어나가기 마련이다. 그래서 서로 생채기를 내고 에너지를 뺏고 빼앗기는 인간관계의 역수승화강이라는 악순환이 일어난다. 머리는 뜨겁고 아랫배는 차가운 역수승화강 상태의 사람들이 에너지를 쟁탈하려고 서로 싸우는 모습은 현재 인류 사회의 안타까운 단면이다.

이러한 인간의 에너지 상태는 지구환경을 대하는 태도에도 그대로 투영된다. 자신의 에너지가 불안정하기 때문에 지구도 돌볼 줄 모른다. 자신이 고통 속에 있기 때문에 지구도 고통스럽게 만들고 있다. 자신의 에너지 상태 그대로 다른 사람들을 대하고 지구 환경을 대해 온 결과가 그대로 우리에게 되돌아오고 있다. 인류가 그것을 바꾸지 않는다면 지구의 역수승화강 상태는 갈수록 심각해질 것이 불 보듯 뻔하다. 인간의 수승화강이 회복되지 않고서는 지구의 수승화강, 지구 생태계의 균형은 영원히 회복되지 못할 것이다.

지구가 아프면 나도 아프다

내 건강을 약이나 의사 또는 보험이 해결해줄 거라는 생각을 버리고, 스스로 자신의 몸과 마음을 돌보는 수승화강 라이프스타일을 가져야 하듯이 우리 각자가 지구의 수승화강을 챙겨야 한다. 환경정책 입안자들이 지구의 건강 문제를 해결할 것이라는 생각은 버려야 한다. 우리 인간이 지구의 역수승화강의 흐름을 일으켰고, 그것을 바로잡아야 할 사람도 우리임을 명심하자.

국가나 종교나 이념이 없어도 우리는 살 수 있다. 그러나 환경이 병들어서 숨을 못 쉬고 물을 못 마시고 음식을 먹지 못하면 우리는 존재할 수 없다. 자연이 병들면 인간도 병들게 되어 있다. 자연의 수승화강이 깨져 물과 공기가 제대로 순환하지 않으면 인간의 수승화강도 제대로 유지될 수 없다.

지구의 건강을 위해서도 우리 각자의 조화와 균형을 이루는 감각이 회복되어야 한다. 지금 자연환경이 이렇게 망가지고 있는 까닭은 우리의 자기조절 능력이 약화했기 때문이다. 균형 감각을 잃어버리면 만족이나 절제를 모르고 새롭고 더 강한 자극을 끝없이 찾게 된다. 이 과정에서 더 많은 에너지와 자원을 사용하고 더 많은 쓰레기를 만들어낸다. 현재 우리의 라이프스타일에서는 우리의 만족은 곧 지구의 스트레스가 된다.

우리 안에 있는 자연치유력과 균형 감각은 사람이 만든 것이 아니다. 마치 공기처럼 물처럼 우리 생명이 시작될 때부터 모든 사람에게 주어졌다. 누구에게나 있는 이 감각을 회복할 때 내 몸을 잘 돌볼 수 있고 자연도 더 잘 보살필 수 있다. 우리가 수승화강의 에너지 균형을 유지하는 생활을 하는 것이 지구 전체 생태계에 이롭다.

자신의 몸에 귀를 기울이고 몸의 감각을 깨우는 것은 자연과 소통하는 감각을 일깨워준다. 왜냐하면 우리의 몸이 곧 자연이기 때문이다. 자신의 호흡을 느끼고 에너지를 느낄 때, 우리는 자연을 느끼는 것이다. 내 안의 자연을 느끼고 사랑하면 내 밖의 자연도 더 잘 느끼고 존중하게 된다.

수승화강 라이프스타일 창조하기

코로나 팬데믹으로 전 세계가 이례 없는 고난과 아픔을 겪고 있지만 새로운 변화와 기회도 함께 찾아왔다. 인간이 '잠시 멈춤'을 하는 사이 자연은 다시 숨을 쉬기 시작했다. 산업 활동과 사회 활동이 줄어들면서 대기오염으로 잿빛이었던 하늘이 다시 푸르러지고, 인파에 밀려 해변을 떠났던 바다거북들이 다시 알을 낳으러 돌아오기도 했다. 너무나 큰 문제이지만 해결의 기미가 보이지 않아 우리에게 중압감과 무력감을 안겨주던 환경문제도 우리가 어떤 선택을 하느냐에 따라 분명 달라질 수 있다는 가능성을 보여주었다. 인간의 방해가 없으면 놀라운 속도로 스스로를 정화하는 자연을 보며, 스스로 균형과 안정을 찾는 자연의 힘이 얼마나 대단한지를 새삼 깨닫게 된다.

팬데믹으로 발생한 물리적인 거리두기는 우리 삶의 많은 영역에서 더 많은 폐쇄와 단절을 가져오기도 했다. 개인 사이에서뿐만 아니라 서로 다른 커뮤니티와 나라 사이에서도 마찬가지이다. 그러나 근본적으로는 우리가 얼마나 연결된 세계 속에서 살고 있는지, 우리가 얼마나 연결과 소통을 원하는지, 다른 사람과 커뮤니티를 보살피는 것이 우리 한 사람 한 사람의 건강과 안전에 얼마나 중요한지를 절감하게 했다. 코로나 팬데믹으로 오프라인에서는 비대면 비접촉의 언컨택트 시대로 가고 있지만, 온라인 세상에서는 공간의 제약을 뛰어넘어 이전보다 훨씬 더 긴밀하고도 효율적으로 서로 연결되고 있는 현상은 인류에게 새로운 희망을 시사해주고 있다.

현재 지구와 인류의 지속가능성을 위협하는 환경오염, 핵 위협, 부의 불평등 같은 큰 문제들은 어느 한 나라나 한 집단의 힘으로 해결할 수 없다. 문제의 성격 자체가 지구적이기 때문에 오직 연결과 협력을 통해서만 해결할 수 있다. 팬데믹 기간 동안 대부분의 나라가 자국민을 우선적으로 보호하기 위해 폐쇄를 선택했지만, 인류 모두에게 위협이 되는 전염병을 해결하기 위해서는 결국 서로 연결하고 협력하지 않으면 안 된다. 거기에 우리의 생존이 달려 있다.

생명의 세계에서 모든 것은 하나로 연결되어 있다는 단순한 진리를 잊지 말아야 한다. 우리는 수승화강의 핵심적인 방법인 호흡을 통해서 연결과 소통의 지혜를 배울 수 있다. 호흡의 본질은 리듬과 균형이다. 숨을 들이쉬었으면 내쉬어야 한다. 들어온 것을 움켜쥐려고 하면 다음 호흡이 들어올 수 없고 생명의 리듬이 중단된다. 들이쉰 만큼 내쉬고, 받은 만큼 돌려줘야 순환이 계속된다.

이것은 인간관계나 자연과의 관계에서도 마찬가지이다. 더 많이 주면 더 많이 들어오고, 사용할 수 있는 에너지가 커진다. 인간 사회에서는 '네가 먼저 주면 나도 줄게'가 거래에서 더 많이 통용되는 사고방식이다. 그러나 자연은 우리에게 그 어떤 대가도 요구하지 않고 늘 먼저 준다. 우리가 자연으로부터 조금이라도 배운다면 나와 전체를 함께 생각하는 사고방식을 가질 수 있고, 필요한 것을 먼저 주고 먼저 함으로써 더 많은 선순환을 만들어낼 수 있을 것이다.

호흡과 함께 내 몸으로 들어오고 나가는 생명의 리듬을 느끼면서 우리는 이런 질문을 던져볼 수 있다. '나는 평생을 함께 해주는 내 몸을 얼마나 아끼고 보살피고 있는가? 나는 내가 속한 공동체에 어떤 가치를 보태고 있는가? 나는 내 삶의 터전을 제공하는 지구와 자연을 위해 어떤 기여를 하고 있는가?' 만일 내가 누리고 있는 것에 비해 기여하는 가치가 적다면, 기여가 아니라 오히려 해를 끼치고 있다면 그 부채는 결국 나에게로 돌아와 내 삶의 기반을 파괴하게 된다.

코로나 팬데믹으로 우리는 참으로 이상하고도 특별한 시간을 보내고 있다. 우리가 이렇게 거대한 규모로 자기 자신뿐만 아니라 공동체와 지구에서 무슨 일이 일어나고 있는지 촉각을 곤두세우며 관심을 가졌던 적이 있었던가. 우리 모두가 겪은 그리고 지금도 계속되고 있는 이 강렬한 경험이 앞으로 우리에게 어떤 변화를 가져올까?

우리는 예전과 똑같은 역수승화강의 삶의 패턴으로 돌아가 우리의 건강과 지구의 건강을 망치는 일을 계속 되풀이할 수도 있다. 아니면 우리 개인의 삶과 지구에 건강한 순환과 상생이 가능한 새로운 수승화강 라이프스타일을 만들어낼 수도 있다. 확실한 것은 그러한 변화를 만들어내는 힘은 결코 외부에 있지 않다는 것이다. 그것은 우리 한 사람 한 사람의 손에 달려 있고, 일상의 변화에서부터 시작된다. 우리 한 사람, 한 사람의 수승화강이 그런 변화를 앞당길 수 있다. 인간이 수승화강이 되면 지구도 수승화강이 된다. 그것이 우리의 희망이다.

오늘부터 수승화강

초판 1쇄 발행 2021년(단기 4354년) 5월 20일
초판 6쇄 발행 2021년(단기 4354년) 11월 8일

지은이 · 이승헌
펴낸이 · 심남숙
펴낸곳 · (주)한문화멀티미디어
등록 · 1990. 11. 28. 제 21-209호
주소 · 서울시 광진구 능동로 43길 3-5 동인빌딩 3층 (04915)
전화 · 영업부 2016-3500 편집부 2016-3532
http://www.hanmunhwa.com

편집 · 이미향 강정화 최연실 | 기획 홍보 · 진정근 | 디자인 제작 · 이정희
경영 · 강윤정 조동희 | 회계 · 김옥희 | 영업 · 이광우

ⓒ 이승헌, 2021
ISBN 978-89-5699-414-7 13690

잘못된 책은 본사나 서점에서 바꾸어 드립니다.
저자와의 협의에 따라 인지를 생략합니다.
본사의 허락 없이 임의로 내용의 일부를 인용하거나 전재, 복사하는 행위를 금합니다.